노트 지능

생각을 연결하고
문제를 해결하는 노트 쓰기

노트지능

아이작 유 지음

비전코리아

일러두기

· 이 책은 2017년 카카오 브런치 위클리 매거진 선정 작품인 〈노트지능〉을 바탕으로 원고를 추가해 출간했습니다.
· 외래어표기법은 한글맞춤법을 따랐으나 일부 브랜드명이나 널리 알려진 명칭은 그대로 사용하였습니다.
· 본문의 주 번호에 대한 상세 내용은 책 마지막 '참고 문헌과 사이트'에 있습니다.

4차 산업혁명의 시대, '노트지능'을 갖춰라!

이집트, 메소포타미아, 황하, 인더스라는 세계 4대 문명의 공통점은 무엇인가? 초등학교 사회 수업 시간에 정말로 많이 들었던 질문일 것이다. 정답은 큰 강이 있어 관개 농업을 발전시켰고 편리한 교통 체계를 개발하였다는 것과 석기 시대의 우수성을 훨씬 앞지르는 청동기 문화가 꽃피웠다는 것이다.

하지만 사람들이 쉽게 간과하는 공통점은 세계 4대 문명이 모두 우수한 문자를 발명하였고 종이 노트에 글을 써서 인류의 유산을 남기는 역사 시대를 열었다는 점이다. 역학, 측량술, 점성술, 기하학, 의학, 법학, 정치학, 신학, 교육학, 농경기술 등 수많은 세계 4대 문명의 유산들은 모두 문자로 종이 노트에 글을 남기는 기술이 없었다면 불가능했다.

우리 인류 문명은 생각과 아이디어를 글로 남기는 노트 쓰기를 통해서 발전해왔다. 수천 년의 지난 역사 동안, 수많은 능력 있는 사람은 각자 분야에 따라 다양한 생각과 아이디어를 노트에 남겼다. 어떤 사람은 자기 이름을 널리 알리기 위해 또는 돈을 벌기 위해, 또 어떤 사람은 다른 이들과 소통하기 위해 종이에 적었다. 그리고 또 어떤 사람은 단순히 글을 쓰는 재미를 위해, 또 어떤 사람은 잊어버리지 않기 위해 노트를 남겼다.

저마다 이유는 다르겠지만 분명한 것은 후대 사람이 노트를 읽고 전대 사람의 어깨 위에 서서 더 넓은 세상을 바라보게 되었다는 점이다. 이런 점에서 노트 쓰기란 단순히 생각과 아이디어를 적는 방법을 뛰어넘어 인류 문명을 발전시켜온 중대한 도구다.

1994년 11월 11일, 뉴욕의 크리스티 경매장에서 마이크로소프트 사의 빌 게이츠Bill Gates, William Henry Gates III 회장은 '코덱스 해머Codex Hammer'라 불리는 72쪽짜리 레오나르도 다빈치Leonardo di ser Piero da Vinci, 1452~1519의 작업 노트를 당시 3,080만 달러(약 340억 원)란 거금을 주고 구매하였다.[1] 이로써 레오나르도 다빈치의 작업 노트는 역사상 가장 비싸게 팔린 고서로 기록되었다.

개인 컴퓨터 시대를 이끈 사업가이자 국제적 보건 및 빈곤 퇴치 전문가, IT 기반 현대 교육 전문가, 4차 산업혁명 주도자, 물리·수학·역학·지질학·철학·생물학 등 다방면에 박식한 교양인인 빌 게이츠가 역대 가장 뛰어난 재능을 가진 인물 중의 한 명인 레오나르도 다빈치에게 흥미를 느끼는 것은 어쩌면 당연한지도 모른다. 당시 다빈치의 노트 한 권을 역사상 가장 많은 돈을 주고 구입한 빌 게이츠의 결정은 사람들의 호기심을 모을 만했다. 그는 왜 그런 선택을 한 것일까?

빌 게이츠는 다빈치 노트가 한 인간의 지식을 향한 꺼지지 않는 목마름을 상징하고, 이것이 현대인들에게 큰 영감을 불러일으키기 때문에 최고의 가치가 있다고 말했다.

다빈치 노트는 단순히 레오나르도 다빈치의 생각을 기록한 문서가 아니다. 천재 레오나르도 다빈치의 머릿속에서 예술, 조각, 수학, 공학, 과학, 음악 분야의 수 세기를 뛰어넘는 상상력과 아이디어가 어떻게 발전해나가는지를 생생하게 그려내고 있는 유산이다.

예를 들어, 레오나르도 다빈치는 물의 기본적인 운동과 방해물을 만났을 때의 역류 모습, 움직임이 거세질 때의 난류 운동 등 물의 흐름에 대해 세밀하게 관찰하고 연구하였다. 그리고 이를 어떻게 댐을 만들 수 있는지, 댐이 어떻게 부식되는지에 대한 응용 연구로 발전시켜나갔다. 이 모든 과정이 다빈치 노트에 고스

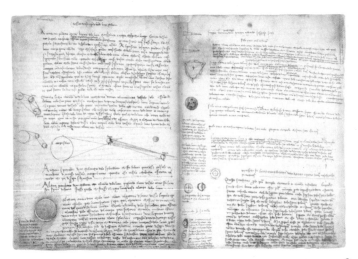

레오나르도 다빈치 노트, 천체 운동 해석[2]

란히 담겨 있다.

또한 달과 지구 그리고 지구와 태양의 운동에 대한 과학적 관찰과 예측도 적혀 있어 당대의 그 누구도 시도하지 않았던 다빈치만의 독창적인 천문학 연구 방법을 지금 우리는 이 노트 덕분에 볼 수 있다.[3, 4]

빌 게이츠는 다빈치 노트의 모든 페이지를 스캔하여 세상에 무료로 공개하였고, 덕분에 많은 사람이 다빈치 노트에서 위대한 상상력을 읽어내었고, 많은 영감을 얻고 있다. 다빈치 노트와 같이 노트는 사람들과 소통하며 귀한 영감을 주는 장치가 될 수 있다.

▌한 번도 제대로 배워본 적 없는 능력, 노트지능

사실 노트 쓰기 능력, 곧 '노트지능Note Intelligence'은 말할 수 있고 생각할 수 있는 사람이라면 누구나 가지고 있는 기본 능력이다.

초·중·고 학생을 비롯하여 대학생, 대학원생, 직장인, 비즈니스인들이 각기 다른 환경에서 학습과 연구를 위해서, 통계 분석과 기록을 위해서, 의사 결정을 위해서 노트 쓰기를 매일 실천하고 있다.[5]

이처럼 노트지능은 인간에게 필수불가결한 삶의 요소다. 하지만 안타깝게도 초·중·고, 심지어 대학교에 이르기까지 이 사회는 학생들에게 노트 쓰기 방법을 제대로 가르쳐주지 않고 있다. 이로 인해 많은 학생이 노트 쓰기를 단지 시험에 대비하기 위해서 선생님의 말씀을 빼곡히 적어야 하는 수단 정도로만 인식하고 있다. 어떤 학생들은 선생님이 말한 모든 단어를 하나도 놓치지 않고 적으려고 노력하지만, 수업의 내용에 대해서 깊이 있게 생각하거나 참여하지 않은 채 오직 노트에 적는 행위에만 온 관심을 집중한다.

이러한 노트 쓰기 자세는 수업을 재미없게 만들고, 학생의 학습 능률을 떨어뜨린다. 결국 학생들에게 노트 쓰기란 어쩔 수 없이 해야만 하는 지루한 행위라는 잘못된 선입견을 형성시키게 된다.

물론 노트 쓰기에는 듣고 있는 내용을 받아 적는 수동적 활동이 포함된다. 하지만 진정한 노트 쓰기는 창의적이고 적극적인 지적 활동이다. 이것이 제대로만 활용된다면 정보를 잘 이해하고 기억할 수 있도록 돕는 최고의 기술이 될 수 있다.

효과적인 노트 쓰기를 통해서 대화나 강의에 더욱 지적으로 참여할 수 있고, 주도적인 청취도 가능해진다. 예를 들어, 수업 중 노트 쓰기를 하면서 핵심 내용을 스스로 찾아내고, 이것을 내 생각과 언어로 바꾸어 적는 과정을 통해 좀 더 수업 내용에 집중하고, 동시에 수업에 적극 참여하게 된다.

▌노트지능을 갖춘 시대의 천재들

많은 사람이 성공을 재능이 만들어낸다고 믿는다. 노트 쓰기에서도 마찬가지다. 글재주가 없어서, 글씨를 잘 못 써서, 그림에 소질이 없어서, 머리가 나빠서, 공부를 잘하지 못해서 등 사람들은 자신이 노트 쓰기를 잘하지 못하는 이유를 '재능 부족'에서 찾는다.

그리고 더 이상 노트 쓰기 능력, 곧 '노트지능'을 계발하려고 노력하지 않는다. 바로 이것이 수많은 사람의 노트지능이 초급 수준에 머무는 가장 큰 이유다.

펜실베이니아대학교 심리학과 교수인 앤절라 더크워스 박사 Angela Duckworth, 《그릿》 저자는 재능이란 "노력했을 때 얼마나 빨리 기술을 발전시킬 수 있는가"로 정의하였다. 그녀의 말에 따르면 재능과 노력이 협력해나갈 때, 기술을 발전시킬 수 있다. 그리고 기술과 노력이 협력해나갈 때 성공과 성취를 이루어낸다.[6]

여기서 가장 중요한 사실은 노트지능은 누구나 노력하면 훌륭하게 습득할 수 있는 능력이라는 것이다. 노트 쓰기는 사람의 타고난 '재능'이 아니라 후천적으로 얻을 수 있는 '기술'이다. 아무리 재능이 있다 해도 노력을 기울이지 않는다면 노트 쓰기를 잘할 수 없다.

세기의 수많은 천재, 레오나르도 다빈치를 시작으로 아이작 뉴턴 Isaac Newton, 1642~1727, 볼프강 아마데우스 모차르트 Wolfgang Amadeus Mozart, 1756~1791, 앨버트 아인슈타인 Albert Einstein, 1879~1955, 리처드 파인만 Richard Feynman, 1918~1988, 표도르 도스토옙스키 Fyodor Mikhailovich Dostoevskii, 1821~1881 와 같은 천재들의 공통점은 평생 자기 생각과 업적을 노트에 기록해두었고, 나이가 들면 들수록 그들의 노트지능 또한 발전해나갔다는 것이다.

그들은 획기적인 아이디어를 표현할 때 종이 위에 글과 그림을 함께 적는 '이미지(스케치) 노트 쓰기'를 활용했고, 사람들에게 생각을 전달하거나, 가르치거나, 발표 자료를 만들기 위해서

아이작 뉴턴의 노트[7]

는 '스터디 노트 쓰기'를 활용했다. 또한 일정을 짜임새 있게 관리하기 위해서 '비즈니스 노트 쓰기'를 활용하기도 했다.

예를 들어 아이작 뉴턴의 노트를 보자. 그는 평생에 걸쳐서 수학과 물리학에 대한 아이디어를 노트에 적어 생각을 발전시켰다. 주로 아이디어를 그림 스케치, 도표로 간단하고 명확하게 표현하는 것을 즐겼다. 그리고 이러한 스케치에 체계적이고 논리적인 글을 덧붙여 자세하게 기술했다.

뉴턴은 케임브리지대학교에서 수업 자료를 만들 때, 오늘날 널리 활용되고 있는 코넬대학교의 스터디 노트와 거의 동일한 방식으로 작성했다. 노트 중간 영역에 개념을 설명했고, 측면에 여백을 두어 개념 이해를 위한 중요 코멘트나 질문들을 적었다.

"내가 더 멀리 보았다면 이는 거인들의 어깨 위에 올라서 있었기 때문이다."

_아이작 뉴턴

▋ 4차 산업혁명의 시대, 노트지능을 갖춰라!

우리는 지금 4차 산업혁명의 시대에 살고 있다. 이 시대를 이끄는 분야에는 로봇, 3D 프린팅, 나노과학기술, 생명공학, 에너지공학, IT 컴퓨터 정보공학 등이 있는데, 현재 이 중에서 가장 비약적으로 발전하는 분야는 IT 컴퓨터 정보공학이다.

인터넷 속도는 과거보다 기하급수적으로 빨라지고 있고, 이에 따라서 정보의 양 또한 매 순간 폭발적으로 증가한다. 또한 성인 대부분은 최소 한 대 이상의 스마트폰을 휴대하고 있으며, 이 스마트폰을 이용하여 사진, 영상, 텍스트 등 인간이 상상할 수 있는 모든 형태로 정보를 기록하고 다른 스마트폰에 전송 및 공유하고 있다.

"이런 디지털 상황에서 아날로그적인 노트 쓰기가 의미가 있는가?"

이렇게 질문하는 사람들이 많다. 답은 간단하다.

"매우 중요하다."

그 이유를 알아보자.[8]

첫째, 노트 쓰기는 수많은 정보 중에서 무엇이 중요한지 파악하고 그것을 이해하는 데 중요한 도구이기 때문이다.

정보의 홍수 속에서 얼마나 많은 양의 정보를 아는지는 대단

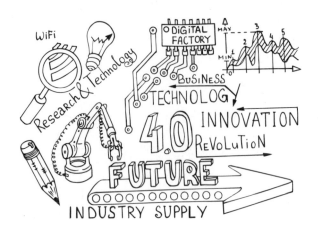

하지 않다. 구글 등의 검색 엔진을 통해 찾아보면 얼마든지 바로바로 정보를 확보할 수 있기 때문이다. 이제 꼭 필요한 능력은 무엇이 중요한지를 생각해 골라내고, 나만의 언어로 이해해 요약할 줄 아는 것이다.

노트 쓰기는 자신이 중요하다고 생각하는 정보들을 창의적이고 적극적으로 자유롭게 표현하게 하며, 이러한 정보들을 새로운 아이디어나 콘셉트로 재구성하도록 엮는 데 매우 유용하게 쓰인다.

둘째, 노트 쓰기를 통해 다양한 형태의 디지털 문서들의 기본적인 틀을 깨우칠 수 있다. 요즘 시대에 수업 중 선생님이 말하는 모든 것을 받아 적는 것이 의미가 없어졌듯이, 컴퓨터 문서 작업

시 전체적인 틀이나 개요 없이 생각나는 대로 키보드를 두드리는 것 또한 의미가 없다.

반복하여서 말하지만 노트 쓰기는 창의적인 지적 활동이다. 창의적인 노트 쓰기를 통해서만이 다양한 목적에 따라 디지털 문서를 짜임새 있게 조직할 수 있다. 유명한 영화감독, 소설가, 저널리스트, 과학자, 연설가, 행정가 대부분은 일을 수행하기에 앞서 종이 위에 생각을 짜임새 있게 정리하고, 창의적으로 계획하는 노트 쓰기에 탁월한 사람들이다.

노트 쓰기를 통해 생각을 정리한 뒤에 디지털 문서 도구를 통해 일을 성취해나가는 방식을 취하는 것이다. 아날로그적인 노트 쓰기를 자유자재로 잘 구사할 수 있을 때만이 디지털 문서 작업이 꽃을 피우게 된다.

셋째, 오늘날 특허 전쟁 속에서 원본으로 인정받는 것은 아날로그적으로 작성한 노트다. 과학, 기술, 디자인 등에서 특허 출원 수가 폭발적으로 증가하고 있다. 자연스럽게 비슷한 분야의 특허를 놓고 소송이 오가는 사례 또한 비약적으로 늘었다.

디지털 문서는 아날로그적인 노트 쓰기보다 빠르게 문서 작성이 가능하다는 장점이 있지만, 쉽게 복사될 수 있고 보안에 취약하기 때문에 특허 분쟁 시 원본으로 인정받기가 어렵다. 반면 손으로 직접 작성되는 노트 쓰기는 과학자, 공학자, 디자이너만의 개성 있는 글씨체와 그림 등으로 구성되기 때문에 가치를 인정받기가 쉽다.

뛰어난 노트지능을 갖추게 될 때 우리는 놀라운 변화와 혁신을 이끄는 4차 산업혁명 시대, 그 거대한 물결에 잘 적응할 수 있다. 노트지능은 성공과 번영을 가져다주고, 창의적이며 주도적으로 수많은 사람에게 영향력을 끼치도록 도와줄 것이다.

▌당신도 위대한 노트지능을 갖출 수 있다

지금 이 책을 읽는 당신은 현재 노트지능이 약할지라도 걱정하지 마라. 노트지능은 배우고, 연습하고, 노력하면 성장하고 발전할 수 있는 능력이다. 또한 노트지능은 자전거를 익히는 것과 같아서, 어느 정도 수준을 갖추어놓으면 그 실력이 사라지지 않는다.

노트지능은 자신이 일하는 모든 분야에서 탁월해지도록 만들어준다. 창의적인 아이디어 브레인스토밍을 비롯하여 자료 수집, 개요 작업, 시간 관리, 강의 기록, 개인 공부 등 수많은 일을 노트지능을 통해서 더 쉽게 해낼 수 있다. 더 나아가 이 책을 통해 습득한 노트지능이 디지털 문서 작업 도구와 협업을 이룰 때, 당신의 노트지능은 더욱 높이 비상할 것이다.

"당신의 심장이 말을 할 때마다 그것을 노트에 옮겨라."

_조셉 캠벨, 미국 작가

대가들이 말하는 노트 쓰기

레오나르도 다빈치

안녕하세요, 다빈치입니다. 약 500년 전 제가 쓴 노트가 현대에 와서 사상 최고가로 팔렸다고 하네요. 아이디어를 적어놓고 관찰한 내용을 기록하고 이것들을 연결해 만든 발명품을 모아놓은 그냥 스케치 노트인데 말이죠.

아이작 뉴턴

네, 소식 들었습니다. 축하드립니다. 저도 뭐 제 자랑은 아니지만 케임브리지 대학교에서 수업 자료를 만들 때 쓴 노트가 요즘 유행하는 코넬식 노트 쓰기라고 하면서 이게 또 박물관에 소장될 정도로 가치를 인정받았다고 합니다. 단순히 노트 중간에 개념을 설명하고, 측면 여백에 이해를 위한 중요 코멘트나 질문들을 적는 방식인데 말입니다.

리처드 파인만

저 또한 어려서부터 노트 쓰기를 즐겨 했습니다. 배운 개념을 내 언어로 다시 풀어 정리했을 때만 그게 지식으로 쌓입니다. 이를 통해서 문제를 해결하는 지름길을 발견하게 됩니다. 제가 현대 물리학의 난제를 여럿 풀어낸 것도 이 덕분이 아닐까요? 여러분, 노트 쓰기의 힘이 이렇게 무섭습니다.

이 책의 구성 미리 보기

파트 1 스케치 노트지능

연습하면 누구나 할 수 있는 스케치 노트 쓰기, 생각대로 노트를 쓰기 위한 기본 구성 요소부터 배너, 프레임, 연결도구, 사람과 아이템 스케치를 쉽게 하는 방법을 알려준다. 또 생각의 틀인 다양한 템플릿을 통해 아이디어를 마음껏 펼쳐보자.

파트 2 스터디 노트지능

수업시간에 선생님의 말을 모두 받아 적는 것은 진정한 노트 쓰기가 아니다. 먼저 무엇을 적을지 알아야 한다. 효과적인 스터디를 위한 노트 쓰기 지침에서부터 최적의 공부를 위한 노트 템플릿까지를 알아보자.

파트 3 비즈니스 노트지능

비즈니스에서도 노트 쓰기는 생각을 열어주고 아이디어를 이어주며 결국 문제를 해결해준다. 시간 관리를 위한 우선순위 노트 쓰기, 다양한 논리 사고도를 이용한 아이디어 창출법, 끌리는 보고서 작성을 위한 노트법까지 알려준다.

파트 4 스마트 노트지능

4차 산업혁명 시대, 노트 쓰기의 중요성은 더욱 커지고 있다. 이제 아날로그와 디지털의 만남으로 스마트한 지식 경영이 가능해졌다. 강력한 디지털 지식 경영 도구들을 소개하고 필자가 직접 사용하고 있는 사례를 설명한다.

차례

PART 1 스케치 노트지능

PART 2 스터디 노트지능

스케치
노트지능

어릴 때부터 지금까지 이어온 습관이 있다.
그것은 노트에 나의 생각을 옮겨 적는 것이다.
책상에 앉아 펜을 잡고 때로는 글로
때로는 그림으로 상상의 나래를 펼쳤다.
이렇게 노트에 적어온 나의 꿈들이
하나씩 하나씩 현실화되어 지금의 내가 되었다.

01 스케치 노트 쓰기, 누구나 할 수 있다!

'스케치 노트 쓰기 Sketch Note Writing'는 말 그대로 이미지, 곧 그림을 활용한 노트 쓰기 기술이다. 스케치 노트 쓰기는 아주 오래전부터 인류가 본능적으로 해왔던 기술이다.

문자가 없었던 선사 시대에 사람들은 동굴 벽이나 바위에 그림을 그려서 자기 생각과 아이디어를 표현하였다. 가령, 석탄으로 동굴 벽에 황소의 그림을 그리며 사냥의 성공과 풍요를 기원하였고, 이 그림에 화살과 창을 던져 사냥을 연습하기도 하였다.

이집트 문명에서는 그림 자체가 문자가 되었다. 이집트 사람들은 보기만 해도 쉽게 이해할 수 있는 그림들(유치원생이 그린

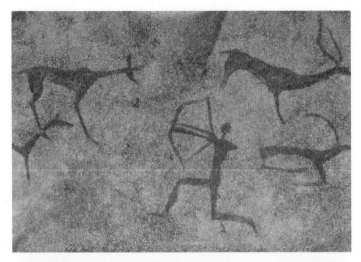

선사 시대 사람들이 남긴 동굴벽화와 이집트 문자

것 같은 단순한 그림들), 예를 들어 옆에서 보았을 때의 독수리, 참새, 사자, 뱀, 사람, 심장 등의 그림들을 표준화하였고 여기에 뜻과 음을 넣어서 생각을 표현하였다.

당시 흉조로 여겼던 참새 그림을 포함하는 단어들은 '나쁘다'는 의미를 가졌고, 심장 그림이 포함된 단어들은 '아름답다'를 의미했다.[1, 2, 3]

오늘날 스케치 노트 쓰기는 효과적으로 자기 생각을 전달하고 상대방을 설득하기 위한 정말로 중요한 기술로 자리 잡았다. 이제 대부분의 학교에서 학생들은 텍스트만으로 보고서를 만들지 않고 수많은 이미지가 들어 있는 '파워포인트'를 활용하여 과제를 보고한다. 또한 거의 모든 기업이나 연구 기관에서도 수치화되어 있는 데이터를 그림이나 그래프로 변환하는 등, 이미지 매체를 활용하여 정보를 효과적으로 전달하고 있다. 우리가 가장 잘 아는 사례를 들자면, 프레젠테이션의 황제라고 불렸던 스티브 잡스Steven Jobs, 1955~2011는 하나의 슬라이드 안에 자신이 말하고자 하는 생각을 글자가 아닌 그림으로 표현하였다. 이를 통해서 세계인들은 스티브 잡스의 생각을 직관적으로 이해할 수 있었다.[4]

파워포인트와 같은 디지털 노트 쓰기 기술을 진정으로 업그레이드하기 위해서는 다른 사람의 파워포인트 디자인이나 형식을 흉내 내는 것만으론 부족하다. 나만의 독창적이고 창의적인 프레젠테이션을 위해서는 먼저 아날로그적인 스케치 노트 쓰기 기술을 마스터해야 한다.

▌스케치 노트 쓰기, 정말로 누구나 할 수 있다

창의적인 디자이너들은 곧잘 아이디어를 종이에 그려낸다. 그들은 머릿속에 떠오른 이미지를 즉시 노트에 그리고, 구체적인 특징에 대해서는 글로 적어둔다. 여기서 주목해야 할 재미있는 사실은, 이러한 스케치 노트 쓰기 과정을 자신이 원했던 답을 찾을 때까지 수백 번, 수천 번이고 반복한다는 것이다. 그리고 결국엔 만족할 만한 디자인을 창조해낸다.

예술가들도 마찬가지다. 그들은 예술 작품을 완성하는 모든 과정에서 노트에 수많은 스케치를 하고 수차례 수정한다. 이러한 스케치 노트 쓰기를 통해서 예술가들은 메시지를 가장 잘 표현할 수 있는 자신만의 아이디어와 방법들을 찾아내고, 마침내 작품을 완성한다.

안타깝게도 대부분의 사람은 스케치 노트 쓰기에 대해 잘못된 선입견을 품고 있다. 그림 실력이 뛰어난 디자이너나 예술가들만이 할 수 있는 기술이라고 생각하는 것이다.

그렇다 보니 스케치 노트 쓰기를 어렵게 여기고 처음부터 시도조차 하지 않는다. 당연히 배우려고도 하지 않는다. 필자인 나역시 마찬가지였다. 초등학생, 중·고등학생, 대학생, 그리고 대학원생에 이르기까지 나는 유치원생이 그린 것 같은 수준 낮은 미술 실력을 원망하며 지내왔다. 내 마음과 머릿속에는 수많은 좋은 아이디어들이 이미지 형태로 둥둥 떠다녔지만, 그것들을 표현하기 위해 노력을 기울이지는 않았다.

나는 내 그림 실력이 형편없고 앞으로도 향상되지 않을 거라고 굳게 믿었다. 스케치 노트 쓰기란 평범한 나에게는 어울리지 않는 기술이고, 그것은 그림 그리는 것을 직종으로 삼는 디자이너나 예술가들만의 전유물이라고 생각했다.

그러던 내가 선입견을 깨뜨리게 된 계기를 맞이했다. 우연히 인터넷을 하다 빌 게이츠가 공개한 레오나르도 다빈치의 노트(레스터 사본)를 보게 된 것이다. 말로만 들었던 천재 레오나르도 다빈치의 노트를 영문 번역과 해설을 통해 보면서 스케치 노트 쓰기가 얼마나 위대하고 매력적인지 알게 되었다.

레스터 사본에서 '유체의 운동에 대한 연구'를 보자. 레오나르도 다빈치는 물의 흐름과 소용돌이, 파도에 대해서 깊이 있게 관찰하였고 물의 움직임을 노트에 훌륭하게 묘사하였다. 그리고 그림 밑에 유체의 운동 현상에 대한 이론과 원리를 자세하게 분석한 글을 기록하였다.

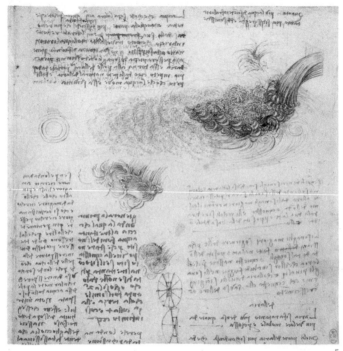

레오나르도 다빈치의 유체 운동 해석[5]

　여기서 끝이 아니다. 레오나르도 다빈치는 그가 발견한 유체의 운동 이론을 통해 어떻게 운동에너지를 활용한 기계를 만들 수 있는지를 생각해냈다.

　레오나르도 다빈치는 일상에서 끊임없이 스케치 노트 쓰기를 했다. 그는 반복된 스케치 노트 쓰기를 통해 자연의 운동을 더욱 정확하게 관찰, 재현했고 현상 속에 숨은 이론과 원리를 발견할 수 있었다.[6, 7]

나는 500년 전에 한 사람이 스케치 노트 쓰기로 얼마나 아름답고 창의적으로 과학과 공학을 발전시켰는지를 보면서 큰 충격을 받았다. 그리고 '지금은 유치원생 정도의 그림 실력이지만 앞으로 계속 노력해서 레오나르도 다빈치처럼 스케치 노트 쓰기를 하리라'고 다짐했다.

스케치 노트 쓰기에 대해 수많은 공부와 연구를 한 결과, 지금은 이 책의 그림을 그릴 정도의 실력을 갖추게 되었고, 사람들에게 자신 있게 다음의 세 가지를 말하게 되었다.

하나, 그림 실력과 무관하게 누구나 스케치 노트 쓰기를 할 수 있다.

둘, 기본적인 도형(네모, 동그라미, 세모, 선)만으로도 수많은 이미지를 표현해낼 수 있다.

셋, 스케치 노트 쓰기는 생각한 순서대로 노트 쓰기를 하게 해준다.

"배움이란 우리의 마음이 결코 지치지 않고, 결코 두려워하지 않으며, 결코 후회하지 않는 유일한 것이다."

_레오나르도 다빈치

02 기본 구성 요소
: 생각대로 노트 쓰는 법

스케치 노트의 목적은 무엇일까? 한 가지만 말한다면 그것은 자신이 생각한 대로 노트에 표현하는 것이다. 스케치 노트가 아름다움만을 추구한다면 커뮤니케이션 활동에 전혀 도움이 되지 않는다. 생각한 그대로 노트에 스케치로 표현하기 위해서는 먼저 무엇을 어떻게 생각하는지 사고의 기본 과정에 대해서 알아볼 필요가 있다.

인간의 기본적인 사고 과정은 간단하게 유도Trigger – 아이디어 Idea – 연결Connecting로 나눌 수 있다. 각각을 하나씩 알아보고 스케치 노트 쓰기에 어떻게 활용할지 생각해보자.

▌유도 단계

우리는 누구나 생각하면서 살아간다. 하지만 때때로 "아무 생각 없이 지내고 있다"는 이야기를 친구들과 나눈다. 다르게 말하면, 인간은 누구나 생각할 능력이 있지만, 생각을 하게 만드는 특별한 유도 장치(또는 자극제)가 없다면 절대 머리를 쓰면서 생각하지 않는다는 의미이기도 하다.

사고의 기본 과정 중 첫 단계인 '유도'에서는 재미있는 대상이나 주제, 호기심이 있는 질문, 또는 해결하고 싶은 문제들이 생각하도록 만든다. 이러한 생각의 유도 장치들은 질문 또는 키워드의 형태로 표현된다. 예를 들어 "어떻게 제품의 매출을 두 배로 만들 수 있는가(제품 매출 두 배 증가 전략)?"라는 질문/키워드를 통해 제품 매출을 비약적으로 향상시킬 수많은 전략을 생각하게 된다.

또 가령 "왜 유학을 가야 하는가(유학 갈 이유)?"라는 질문/키워드를 통해 유학을 가야 하는 수많은 이유들에 대해 생각하고 합리적인 답을 얻게 된다.

▌아이디어 단계

그다음 아이디어 단계는 유도 단계에서 던진 질문/키워드(유도 장치)에 대하여 답을 하는 과정에서 생각, 곧 아이디어를 얻는 것이다. 커뮤니케이션 분야에서 세계적 권위자인 캘리포니아 주립대학교 바바라 워닉Barbara Warnick 박사는 생각하기란, 문제와 질문에 대해 탐구하고 관련된 모든 가능한 정보를 통합시켜 답에 도달하는 것으로 정의했다. 즉 질문을 던지고 이에 대한 답을 얻는 과정이 생각하기이다. 아이디어 단계에서는 유도 단계에서 던진 질문/키워드에 대해 떠오른 아이디어를 글, 그림, 리스트, 그래프 등 다양한 형태로 구상하게 된다.

▋ 연결 단계

마지막 연결 단계에서는 다양한 아이디어들을 유기적으로 이어 의미 있는 개념으로 발전시킨다. 전 크라이슬러 CEO 리 아이아코카Lee Iacocca는 이렇게 말했다.

"당신이 아무리 좋은 아이디어들을 가지고 있어도 그것을 잘 꿰지 않으면 쓸모없게 된다."

아이디어들을 의미 있게 연결하는 게 매우 중요하다. 시간적·공간적 순서대로 연결시키거나 귀납적 또는 연역적 논리에 따라 연결시킬 수 있다. 연관성 있는 것이라면 그 어떠한 아이디어라도 자유롭게 연결하여 개념을 발전시킬 수 있다.

이렇게 '유도 – 아이디어 – 연결'로 이어지는 기본 과정에 의해 우리는 날마다 생각을 한다.

▌생각한 대로 스케치 노트 쓰기

그럼 어떻게 생각한 대로 노트 쓰기를 할 수 있을까? 함께 일하고 공부하는 동료들 앞에서 또는 혼자 노트를 구성할 때 어떻게 생각을 노트 위에 펼쳐나갈 수 있을까?

다음 그림에서 볼 수 있듯이 '사고의 기본 과정'의 단계마다 하나씩 대응되는 '스케치 노트 쓰기의 기본 구성 요소'가 있다. 자신이 생각한 대로 스케치 노트 쓰기를 하기 위해서는 기본 구성 요소들을 알고 그것을 이용해 노트를 만들어나가야 한다(다음 장에서부터 구체적으로 배운다).

여기서 한 가지 미리 말해둘 것이 있다. 스케치 노트 쓰기의 구성 요소인 배너, 프레임, 연결도구, 액세서리(사람, 동물, 사물)를 표현하는 데는 놀라운 그림 실력이 필요하지 않다. 어릴 때 배운 '기본 도형'이면 충분하다. 이 책의 모든 스케치 노트 쓰기는 기본 도형만을 활용하여 표현되었다.

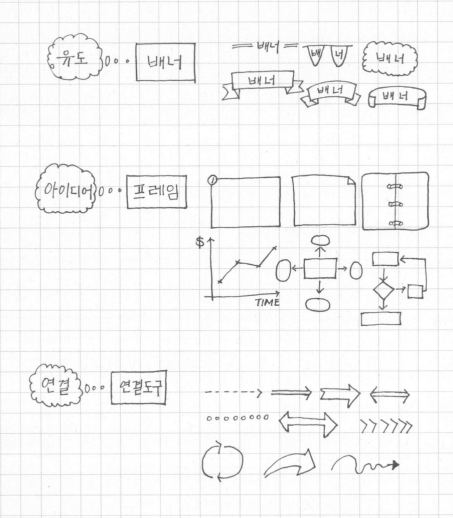

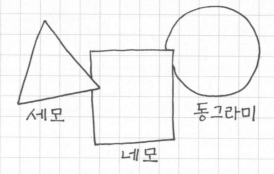

세모　　네모　　동그라미

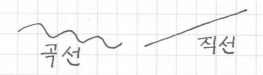

곡선　　　　　직선

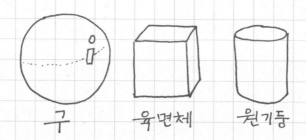

구　　　육면체　　원기둥

따라서 누구나 그림 실력에 대한 부담 없이, 쉽고 효과적으로 스케치 노트 쓰기를 배울 수 있다. 다시 한 번 강조하지만, 스케치 노트의 목적은 '생각하기'에 있다. 스케치 노트 쓰기는 쉽고 효과적인 생각하기를 이끌어내야 하며, 동시에 생각하기를 통해 자신의 스케치 노트 쓰기가 더욱 고도화되어야 한다.

> "거의 모든 노트 쓰기 문제의 원인은 둘 중의 하나다. 생각하지 않고 노트를 쓰는 것과 노트를 쓰지 않고 생각하는 것이다."
>
> _아이작 유

03

배너를 통해
생각을 열어라

배너란 기본적으로 무엇을 표현하고자 하는지 나타낼 수 있는 구성 요소이다. 배너는 사고의 기본 과정에서 첫 번째 단계인 '유도'에 해당한다. 자신이 무엇을 생각할지 이끄는 유도 장치들, 예를 들어 키워드, 제목, 질문들을 배너로 표현한다.

배너가 있어야 스케치 노트 쓰기가 시작된다. 그렇다고 어렵게만 생각할 필요는 없다. 앞서 이야기했듯이 배너는 선, 네모, 동그라미와 같은 기본 도형을 활용해서 다양하게 만들 수 있다.

자신에게 알맞은 배너는 무엇인지 생각해보자. 노트 쓰기를 할 때 무의식적으로 가장 먼저 무엇을 하는지 생각해보고 그것을 활용하면 된다. 새로운 아이디어가 떠오르지 않는다면 배너 만들기 사례 중에서 골라 사용해도 된다. 먼저 간단한 선을 이용해서 만든 배너를 보자. 그다음 네모와 원을 가지고 그린 다양한 배너들을 살펴본다.

그밖에도 다양하게 꾸밀 수 있다. 다음 페이지의 사례와 같이 창의적인 배너들을 만들 수도 있다.

"표제는 광고에서 가장 중요한 요소다. 독자는 표제를 보고 읽을지 말지를 결정한다."

_데이비드 오길비(David Ogilvy, 1911~1999), 세계적인 광고 기업 오길비앤매더 창업자

배너 만들기 사례

【간단한 선을 이용해 만들기】

—— 정의란 ——   정의란?

══════사랑이란══════   사랑이란?

mmm To Do LisT mmm   오늘의 과제

------ 배너만들기 ----   배너 만들기

mmmm 스케치 노트 mmmm   스케치노트

mmm 아이디어 mmm   —— 아마존 ——→

【네모와 원을 이용해 만들기】

| 배너 그리기 | (스케치 노트)

┌ 배너 그리기 ┐   (스케치 노트)

| 배너 그리기 | | 스케치 노트 |

【창의적인 배너 만들기】

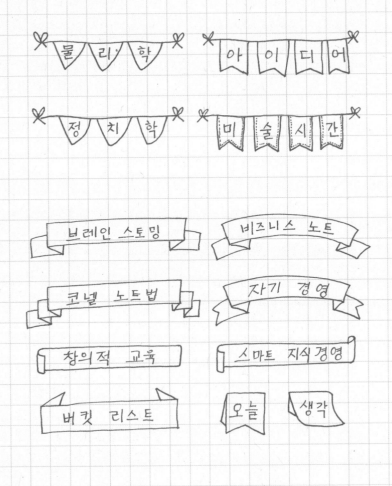

물 리 학

아 이 디 어

정 치 학

미 술 시 간

브레인 스토밍

비즈니스 노트

코넬 노트법

자기 경영

창의적 교육

스마트 지식경영

버킷 리스트

오늘   생각

04 프레임을 통해 생각을 전개하라

필자는 보고서, 논문을 쓰거나 강연 자료를 준비할 때마다 늘 한 가지 원칙을 명심한다. 한 번에 딱 한 가지 아이디어/메시지만을 전달한다는 원칙이다.

이를 통해 나는 복잡한 개념이라도 사람들에게 쉽고 분명하게 설명할 수 있게 되었다. 만약 평소에 자신의 설명을 타인이 잘 이해하지 못한다면 한 번에 여러 가지 아이디어/메시지를 전달하지 말고, 한 가지씩 순서대로 이야기해보라. 큰 효과를 얻을 것이다.

이 원칙은 노트를 쓸 때에도 동일하게 적용된다.

사고의 기본 과정에서 두 번째 단계인 '아이디어'를 도울 장치는 프레임이다. 프레임은 아이디어를 표현하는 공간이다. 필자는 원칙대로 하나의 프레임에 하나의 아이디어만 넣으려고 노력한다. 경험적으로 볼 때, 하나의 프레임이 하나의 아이디어 또는 메시지를 표현해야 노트가 간결하고 읽기 편하다.

사람마다 아이디어가 다양하고 풍성하듯, 아이디어를 표현하는 프레임도 역시 다양하다. 가장 기본적인 프레임은 직선, 곡선, 점선을 활용한 사각형, 원, 구름 모양이다. 이 프레임 상자 속에 아이디어를 표현하면 된다.

물론 테두리가 없는 프레임도 있다. 이 경우 반드시 주의할 것은 좌우 폭을 일정하게 간격을 두고서 글자 정렬을 하는 것이다. 그렇게 하지 않으면 노트가 지저분해 보인다. 거의 대부분의 노트가 좌우 폭이 일정하게 줄이 처져 있을 것이다. 그래야 노트 쓰기를 했을 때 깔끔해 보이고 가독성이 높아지기 때문이다.

레오나르도 다빈치의 노트(팔 운동 구조 해석)를 보면 그 역시 좌우 폭을 일정하게 맞추어 깔끔하게 노트를 정리했다는 것을 알 수 있다.

주변에서 흔히 접하는 다양한 사물 또한 프레임이 될 수 있다. 예를 들어 종이, 노트, 지도, 액자와 같은 사물 프레임들이 많이 활용된다(47쪽 참조).

표도 좋은 프레임이다. 보통 표는 정보를 기준에 따라 짜임새

프레임 만들기 사례1

【기본적인 프레임(직선, 곡선, 점선 활용)】

오늘의 To Do 리스트
- ☐ 아침 회의 준비
- ☐ 과제 보고 및 발표
- ☐ 글쓰기 · 책쓰기
- ☐ 집 대청소

우리나라 축구
대표팀의 과제
1. 골 결정력
2. 기본기
3. 조직력 · 전술이해
4. 감독 전술

스케치 노트의 장점
① 가독성 우수
② 의미 전달력 우수
③ 직관적 이해 가능
④ 정보 압축성 탁월

"Speech
할때 유의점"
- 자신감 & 제스처
- 발음
- 의미전달력
- 청중과의 호흡

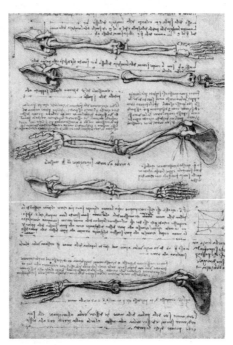

레오나르도 다빈치 노트
이두박근에 의한 팔 운동 구조 해석[1]

있게 정리할 때에 유용하다(48쪽 참조).

다음으로 리스트 프레임이 있다. 이름 그대로 해야 할 일, 사야 할 것, 빠뜨리지 말아야 할 것 등을 다양한 목적에 따라 나열한다. 리스트 프레임은 구체적인 내용을 담은 콘텐츠와 콘텐츠의 상황을 나타내주는 인덱스로 구성된다. 인덱스는 주로 빈 네모를 활용하는데, 그 안에 사전에 약속한 기호를 넣으면 한눈에 상황이 파악된다(49쪽 참조).[2]

프레임 만들기 사례2

【사물 프레임(종이, 노트, 액자, 지도 활용)】

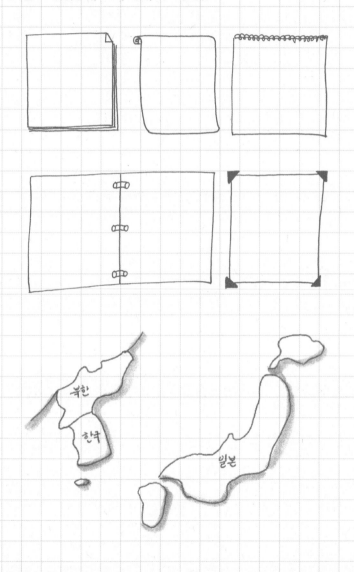

【표 프레임】

표현	의미
Cringey	오글거리는
No pressure	부담 갖지마
gear up	준비하다
hang out	놀다
grumpy	꽥꽥거리는
naive	순진한
Crowd out	내몰다
leaderboard	순위표

	표면 에너지	접촉각	탄성계수
샘플 1	20.0 mN/m	90°	1.2 GPa
샘플 2	30.0 mN/m	45°	13.0 GPa
샘플 3	40.0 mN/m	30°	6.2 GPa

【리스트 프레임】

Shopping List

- ☑ Milk
- ☑ Egg
- ☑ Pine Apple
- ☒ 라면 1봉지 @ 갤러리아 마트
- ☑ Baby Crib @ IKEA

금주 업무 리스트

- 오과장☑ 협력사 계약 조건 협의
- ⊟ 팀 연말 회식
- ⊡ 월 평가 보고
- ☑ 신규 제품 아이디어 회의
- ☒ 개발팀 공동 프로젝트

인덱스　콘텐츠
- ☐ ＿＿＿＿＿＿＿
- ☐ ＿＿＿＿＿＿＿
- ☐ ＿＿＿＿＿＿＿
- ☐ ＿＿＿＿＿＿＿
- ☐ ＿＿＿＿＿＿＿

인덱스 약속

- ☑ : 수행함, 완료
- ☒ : 취소
- ⊟ : 연기
- ⊡ : 진행중
- "이름"☑ : 위임 ex) 김과장☑

【그래프 프레임】

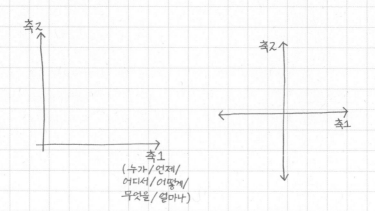

축2

축1
(누가/언제/
어디서/어떻게/
무엇을/얼마나)

축2

축1

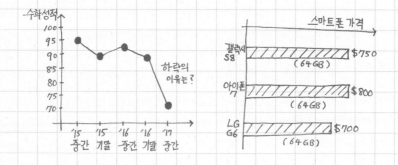

수학성적
100
95
90
85
80
75
70

'15   '15   '16   '16   '17
중간   기말   중간   기말   중간

하락의
이유는?

스마트폰 가격

갤럭시
S8   (64GB) $750

아이폰
7   (64GB) $800

LG
G6   (64GB) $700

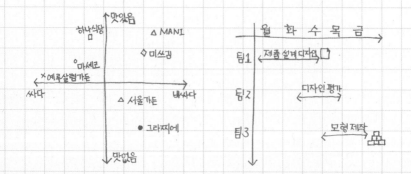

맛있음

하남식당   △ MANI

◇ 미쓰징

ㅇ 마세로

× 예루살렘가든

싸다   비싸다

△ 서울가든

● 그라찌에

맛없음

월 화 수 목 금

팀1   제품 설계 디자인 □

팀2   디자인 평가

팀3   모형 제작

【타임라인 그래프 프레임】

"조간회의"
9:00 AM

"점심"
12:00PM

"퇴근·운동"
5:00PM

8:00 AM
"기상·출근"

11:00 AM
"협력사 A와
주간 회의"

3:00PM
"프레젠테이션"
〈 조직 문화
혁신 〉

11:00 AM ——— 등록 및 준비 (다과 · 커피)

키노트 스피치 11:30 AM
〈 창의적 노트테이킹 〉
－유인성－

12:00 PM ——— 점심식사 (B2 만남홀)

1:00 PM
〈 팀워을 위한
창의적 말하기 〉
－김세연－

1:30 PM 〈 최고 기업들의 문화
벤치마킹 〉
－조안나－

〈 비즈니스 업무 2:00 PM
를 성공시키는 사고법 〉
－ 정기철 －

2:30 PM 기념촬영 · 끝

다음으로 그래프 프레임이 있다(50쪽 참조). 그래프 프레임은 복잡할 수 있는 정보를 한눈에 파악하게 하는 장점을 가졌으며, 객관적이고 논리적인 분석 및 해석을 돕는다. 물론 다른 프레임과 마찬가지로 그래프 프레임 또한 하나의 그래프 안에 하나의 핵심 메시지만 담는다.

그래프는 보통 2개의 축을 가지고 있고, 각 축은 정보를 표현하는 기준이 된다. 예를 들어 축은 '누가/언제/어디서/어떻게/무엇을/얼마나'에 해당하는 기준이 될 수 있다. 각 축의 기준을 잡으면 그에 따라 정보 데이터를 점, 선, 막대를 통해 표현한다.

또한 하나의 축만을 가지는 그래프를 만들 수도 있다. 예를 들어 시간 관리에 자주 활용되는 '타임라인 그래프'가 그런 사례이다. 직선을 시간의 흐름으로 잡고 순서대로 일정/내용 등을 기록한다(51쪽 참조).

축이 없는 그래프 또한 존재한다. 대표적으로 '파이 그래프'가 있다. 시간 또는 수량의 비율을 나타내는 데 좋은 수단이다.

다음에 소개할 프레임은 '다이어그램'이다. 다이어그램은 정보/개념들의 관계를 표시하는 데 (또는 맵핑하는 데) 매우 적합하다. 원, 네모, 화살표 등을 이용하여 나타낸다. 대표적으로 벤 다이어그램, 개념도, 조직도가 있다.

벤 다이어그램은 2개 또는 3개의 원을 통해 관계를 표시하는

프레임 만들기 사례4

【파이 그래프 프레임】

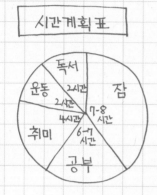

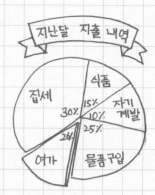

【다이어그램 프레임】

〈벤 다이어그램〉

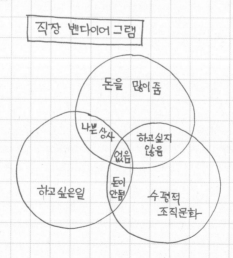

〈개념도〉

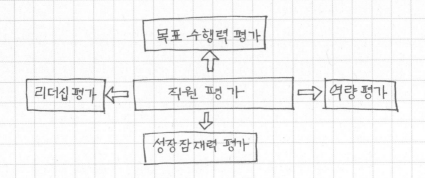

목표 수행력 평가

리더십 평가 ← 직원 평가 → 역량평가

성장잠재력 평가

〈조직도〉

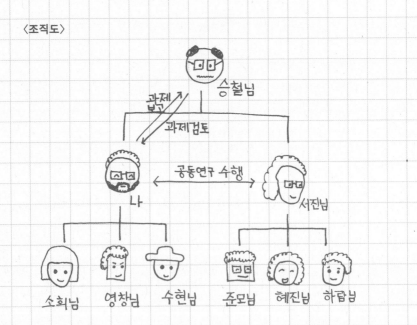

승철님

과제보고 ↗
과제검토 ↙

나 ← 공동연구 수행 → 서진님

소희님 영창님 수현님 준모님 혜진님 하람님

데, 겹치는 부분은 공통으로 가지고 있는 요소를 뜻한다.

개념도는 개념 간의 관계를 한눈에 쉽게 알아보도록 표현할 때 많이 이용된다.

조직도는 자신이 속한 기관과 조직 사이에 어떤 일이 일어나는지를 표현할 때 사용한다. 회사나 기관에서는 다양한 능력의 사람이 함께 협력해야만 목적을 달성할 수 있다. 따라서 조직 생활에서 성공하려면 조직 전체가 어떻게 움직이는지, 각 부서 간에 그리고 임직원과 임직원 간에 어떤 업무들이 오가는지 파악할 수 있어야 한다.

귀찮겠지만 한 번은 꼭 자신이 속한 조직의 조직도를 그려보길 추천한다. 내가 몸담은 회사의 조직도는 업무 기밀이라 외부에 가지고 나갈 수도 없고 공개할 수도 없다. 그래서 필자는 입사하여 복잡해 보이는 조직도를 업무 노트에 그리고, 그 모든 것을 머릿속에 다 외웠다. 전체 조직도가 머릿속에 들어오니 업무 파악에 큰 도움이 되었다.

옆 페이지에 간단하게 그려놓은 팀 조직도 예시를 보면 도움이 될 것이다.

마지막으로 소개할 것은 포스트잇 프레임이다. 포스트잇은 종이 뒷면에 탈부착이 쉬운 접착제가 발라져 있는 사무용품으로 사무실 어디에서나 쉽게 접할 수 있다.

포스트잇 프레임은 벽이나 테이블을 활용

　포스트잇의 최대 장점은 자기 생각을 자유롭게 적고 한눈에 잘 보이게 벽에 붙일 수 있다는 것이다. 이것은 비즈니스 환경에서 목표를 구체화하고 창의적 문제 해결책을 마련하는 데 유용하다.

　예를 들어서 나는 브레인스토밍을 할 때 포스트잇을 적극적으로 활용한다. 브레인스토밍 과정에서 순간적으로 아이디어가 마구마구 튀어나오는데, 이러한 아이디어를 적어 벽이나 테이블 위에 포스트잇을 활용해 붙여두면 매우 유용하다.

　어떤 조직이건 브레인스토밍을 논의discussion로 착각하는 사람들이 꼭 있다. 그런 사람은 자유롭게 여러 가지 의견을 내는 자리에서 누군가 새로운 아이디어를 제안하면 곧바로 비판으로 응답한다. 이것은 브레인스토밍의 목적에도 맞지 않고, 아이디어를 제공한 상대방에게 매우 무례한 행동이다.

그렇기 때문에 포스트잇을 활용하면 브레인스토밍이 좀 더 유연하게 진행된다. 누구든지 다양한 의견들을 내놓을 수 있기 때문에 상대방의 의견을 (그것이 어떤 것이든) 충분히 받아들이는 환경이 조성되고, 튀어나온 모든 아이디어를 한눈에 볼 수 있어 브레인스토밍이 더욱 원활해진다.[3]

"최고의 아이디어를 얻는 가장 좋은 방법은 가능한 많은 아이디어를 가지는 것이다."

_라이너스 칼 폴링(Linus Carl Pauling, 1901~1994), 노벨화학상 수상자

05 연결도구를 통해 생각들을 연결하라

프레임을 통해 자신의 아이디어들을 만들어냈다면 이제 필요한 것은 아이디어들과 프레임을 연결시켜 더 큰 개념을 창조해내는 작업이다. 이 작업은 창의성을 극대화하는 데 있어 매우 중요하다.

스티브 잡스가 "아이디어들을 연결하는 것, 그것이 바로 창의성이다"라고 주장했듯이, 창의성이란 이미 있는 것들을 새로운 관점과 방식으로 연결시키고 엮어내, 재창조하는 능력이다. 창의성은 무에서 유를 만들어내는 것이 아니라 이미 발표·보고된 것들, 머릿속에 생각한 것들을 자기만의 관점으로 새롭게 엮어내는 것이다. 자신이 만든 프레임들을 창의적으로 연결할 때 이용되는 것이 바로 연결도구이다.

연결도구는 하나의 프레임과 다른 프레임을 연결하는 역할을 한다. 즉 사고 과정에서 아이디어와 아이디어를 연결하는 셈이다. 하나의 아이디어와 다른 아이디어의 관계를 만들어나감으로써 인간은 고차원적인 사고를 한다. 이 관계는 논리적 인과관계, 시간적·공간적 순서 관계, 유의적 관계, 반의적 관계 등이 있다.

스케치 노트 쓰기에서는 이러한 관계들을 다음과 같이 화살표, 점, 숫자를 활용해서 표현한다.

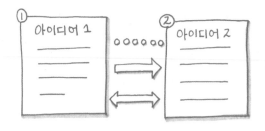

▮ 화살표 연결도구

화살표는 아이디어들 사이의 논리적 인과관계, 시간적·공간적 순서 관계, 반의적 관계를 표현하는 데 활용된다. 논리적 인과관계와 시간적·공간적 순서 관계는 주로 한 방향의 화살표를 통해 나타내고, 반의적 관계는 양방향의 화살표를 사용한다.

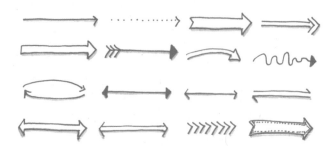

▌점 연결도구

아이디어들 간에 유의적 관계, 기타 긴밀한 관계가 있을 때 다음과 같이 점 연결도구를 통해서 표현할 수 있다.

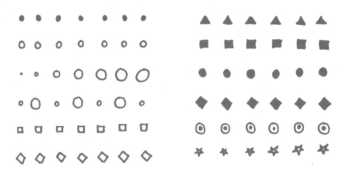

▌숫자 연결도구

간단히 숫자를 각 프레임에 표시함으로써 아이디어들 사이에 논리적·시간적 순서 관계를 나타낼 수 있다.

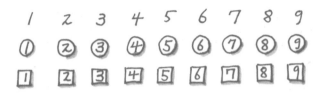

> "창의성이란 그저 여러 가지를 연결하는 것이다. 창의적인 사람들은 그들이 경험한 것들을 연결시켜 새로운 것을 만들어내는 사람들이다."
>
> _스티브 잡스

연결도구를 이용해 정리한 사례

06 스케치 노트의 액세서리들 - 사람과 아이템 스케치

이번 장에서는 스케치 노트의 내용을 더욱 풍성하게 만들어줄 액세서리들(사람과 아이템 스케치)에 대해 다룬다. 앞서 말했지만 우리가 중점을 두어야 하는 것은 예술가처럼 그림 실력 키우기가 아니라 빠르고 효과적으로, 더 나아가 쉽게 커뮤니케이션할 수 있는 실력을 쌓는 것이다. 따라서 사람과 아이템 액세서리의 스케치는 매우 단순해야 하며 빠르게 이루어져야 한다.

회의 도중 화이트보드에 액세서리들을 빠르게 스케치하며 생각을 표현할 수 있다면, 더욱 멋지고 훌륭한 커뮤니케이션이 될 것이다.

▌ 사람 스케치

많은 사람이 그림 그릴 때 가장 꺼리는 것 중의 하나가 사람 스케치다. 필자도 마찬가지다. 사람 그림은 정말로 어렵다. 나는 도움이 되고자 '인물 스케치' 강의를 들었는데, 듣기 전에도 힘들었고 강의를 듣고 나서도 역시 어려웠다. 어떻게 그려야 할지를 자세하게 알게 되니 더 힘들게 느껴진 것이다. 그림 실력이 보통 수준이거나 혹은 그 이하인 사람이 스케치 노트 쓰기를 할 때 인물 스케치를 제대로 하려든다면, 한 장의 노트를 완성하는 데도 오랜 시간이 들게 된다.

이 책에서 다룰 사람 스케치는 정말 신속하고 쉽게 그려내는 방법이다. 물론 그렇기 때문에 기존의 사람 스케치 방법에서 정석적인 요소들이 많이 생략되었다. 하지만 노트에 메시지를 표현하고 효과적으로 전달하기에는 충분할 것이다(만약 그림에 소질이 있어서 쉽고 빠르게 스케치를 할 수 있다면, 이 내용 부분은 초고속으로 읽고 넘겨도 된다).

가장 쉽게 그릴 수 있는 사람 스케치는 동그라미(머리), 네모(몸통), 직선(팔다리), 동그라미(손과 발)로 표현하는 것이다. 그리고 동작이나 장면의 상황에 따라 변형을 준다. 신속한 메시지 전달을 위해서 머리 스타일, 얼굴의 이목구비, 손과 발의 디테일은 다 무시하고 장면이 무엇을 의미하는지만 나타내는 식이다.

사람 스케치 사례

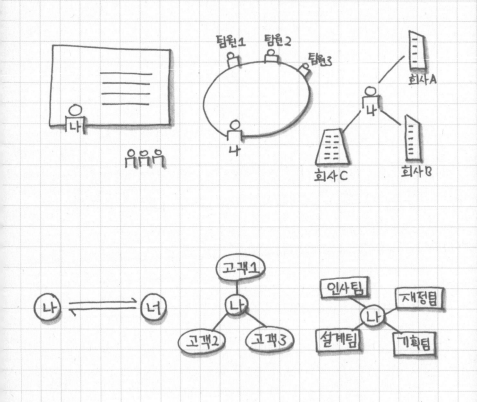

나

ㅇ ㅇ ㅇ

팀원1   팀원2   팀원3

나

회사A

회사C   나   회사B

나 ⇄ 너

고객1

나

고객2   고객3

인사팀   재정팀

나

설계팀   기획팀

만약 이러한 스케치도 빠르고 효과적인 커뮤니케이션에 방해 된다고 판단되면, 더욱 간단하게 사람 스케치를 할 수도 있다. 동그라미로 머리를, 사각형으로 상체를 그린 뒤에 누구인지를 글로 적어 표현하면 된다. 더 빠르고 효과적으로 커뮤니케이션을 하고 싶다면 그냥 동그라미 안에 누구인지 표현해보는 방법도 가능하겠다.

▌아이템 스케치

그밖에도 수만 가지의 아이템을 노트 쓰기에 활용하면 도움이 된다. 필자가 스케치 노트 쓰기에 자주 활용하는 아이템들 몇 가지를 정리해보았다. 이것을 참고하여 각자가 상황에 맞는 아이템들을 찾아서 스케치 노트에 적극 활용해보라.

> "단순함이 궁극의 정고함이다."
>
> _레오나르도 다빈치

최고 즐거움 만족 유튜브 인스타그램 페이스북

그저그럼 반반 기분나쁨 G메일 링트인 텀블러

맑음 구름/해 흐림 비 눈

일출 일몰 지구 글로벌 우산

편지 개봉 ID 카드 신용카드 쇼핑카트

연필 볼펜 자 폴더 잠금 열림 카메라

ON OFF 클릭 다운로드 업로드 플래그 스마트폰

음악 다이아 형광등 별 선물상자 좋아요

07 종이 템플릿을 통해 아이디어를 마음껏 펼쳐라

지금까지 스케치 노트 쓰기의 세 가지 기본 구성 요소(배너, 프레임, 연결도구)와 기타 액세서리를 배웠다. 이제부터 이러한 요소들을 필요한 대로 조합해 다양한 스케치 노트 쓰기를 할 수 있다. 처음에 걱정했던 것만큼 어렵지 않음을 곧 알 수 있을 것이다.

기본 구성 요소인 배너, 프레임, 연결도구를 각 목적에 맞게 조립한 결과물을 '템플릿'이라고 부른다. 이론적으로는 무한개의 템플릿이 존재한다. 하지만 모든 템플릿이 항상 실용적인 것은 아니다. 어떤 템플릿은 따라 하기 어렵거나 구성하기에 많은 시간이 걸린다. 그런 것들은 대개 실용성이 낮다.

또한 어떤 템플릿은 구성에 필요한 도구들이 너무 많아서 실제로 활용되기 어렵다. 그렇다면 이상적인 템플릿은 무엇일까? 한번 같이 고민해보자.

전문가로서 제안하고 싶은 이상적인 템플릿에는 몇 가지 조건이 있다.

첫째, 실용적이어야 한다.

둘째, 누구나 쉽게 만들 수 있어야 한다.

셋째, 효과적인 커뮤니케이션이 가능해야 한다.

앞서 여러 번 이야기했던 것처럼, 스케치 노트 쓰기의 목적은 예술성에 있지 않다. 얼마나 효과적으로 자기 생각을 전달하는가에 목적을 두어야 한다. 이것은 여러 번 강조해도 될 만큼 중요하다.

이번 장에서는 이상적인 템플릿의 세 가지 조건을 모두 만족시키는 한 장의 '종이 템플릿'에 대해 알아보기로 하자. 종이 템플릿은 누구나 종이와 펜만 있으면 훌륭한 스케치 노트 쓰기를 할 수 있도록 도와준다. 방법을 잘 익혀둔다면 종이 템플릿은 수업, 공부, 연구, 비즈니스 등 다양한 분야와 목적으로 응용될 수 있다.

▋종이 템플릿: 종이 위에 생각을 펼쳐라!

2개 프레임 종이 템플릿

2개 프레임 템플릿은 접는 방향과 위치에 따라 아래와 같이 가로형과 세로형 두 가지 방식이 있다. 필요한 목적에 따라 나누어 쓰면 편리하다.

〈타입 1〉

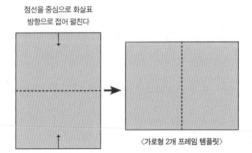

점선을 중심으로 화살표
방향으로 접어 펼친다

〈가로형 2개 프레임 템플릿〉

〈타입 2〉

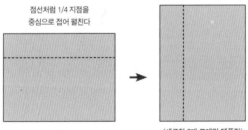

점선처럼 1/4 지점을
중심으로 접어 펼친다

〈세로형 2개 프레임 템플릿〉

2개 프레임 템플릿의 다양한 예들

① 플러스-마이너스 템플릿

플러스-마이너스 템플릿은 어떠한 대상의 긍정적인 측면(장점)과 부정적인 측면(단점)을 파악하기 위한 것이다. 가령 4차 산업혁명의 장점과 단점을 적어볼 때 유용하다.

② 빙산 템플릿(Seen/Unseen 템플릿)

세상의 모든 것들은 보이는 것Seen과 보이지 않는 것Unseen으로 분류할 수도 있다. 빙산 템플릿은 어떠한 대상에 대해서 보이는 것들(알려진 것, 예측 가능한 것, 당연한 것 등)과 보이지 않는 것(미지의 것, 기존에 보고되지 않은 것, 놓치기 쉬운 것, 잠재력이 높은 것 등)으로 구분해서 생각하도록 돕는다.

③ 인덱스 노트 템플릿

가장 기본적인 노트 필기 템플릿이다. 대부분의 노트 필기 템플릿들이 인덱스 노트 템플릿의 응용이다.

인덱스 노트 템플릿은 질문 - 주제 - 키워드를 나타내는 인덱스 영역(왼쪽)과 관련 내용을 기술하는 콘텐츠 영역(오른쪽)으로 구성된다.

인덱스 노트 템플릿은 필자가 회사에서 가장 많이 활용하는

2개 프레임 템플릿의 활용 사례

【플러스-마이너스 템플릿】

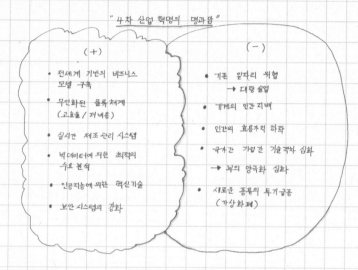

"4차 산업 혁명의 명과 암"

(+)
- 전세계 기반의 비즈니스 모델 구축
- 무인화된 물류체계 (고효율 / 저비용)
- 실시간 제조 관리 시스템
- 빅데이터에 의한 최적의 수요 분석
- 인공지능에 의한 혁신기술
- 보안 시스템의 강화

(−)
- 기존 일자리 위협
  → 대량 실업
- 기계의 인간 지배
- 인간의 효용가치 하락
- 국가간 기업간 기술격차 심화
  → 부의 양극화 심화
- 새로운 종류의 투기 급증 (가상화폐)

【빙산 템플릿】

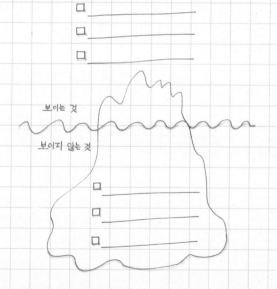

보이는 것

보이지 않는 것

【인덱스 노트 템플릿】

 과학과 공학은
공익을 추구하는가?

미국 미시간주 플린트 지역에서 발생한 수질오염:
18 개월간 수천명의 아이들·거주민이 고농도의
납이 들어있는 물을 마셨다. 12명 사망!

누구의 책임?

수질관리 공학자·과학자!
→ 법을 속이고 자료조작,
· 올바른 물관리를 위한 규정 어김

영웅들!

주민들 + 버지니아 공대 연구팀.

: 그들은 수질오염이 심각하다는 과학적
사실을 입증함. 인터넷에 객관적
데이터를 공개하여 지지자들을 모음.
미시간 주에 압력행사

그결과?

☆

오바마 대통령 방문, 응급상황 선포,
건강·영양·교육을 위해 수억 달러 지원,
"공익을 우선하는 과학과 공학 강조!"

파급 영향?

과학·공학·기술의 가장 중요한 원칙에
대한 전국가적인 고찰
"다른 무엇보다 공공의 건강과 안전 복지가
우선되어야 한다"

방식이기도 하다. 이 부분은 스터디 노트지능 편의 '코넬 노트법'
에서 다시 자세하게 설명할 것이다.

4개 프레임 종이 템플릿

4개 프레임 템플릿도 접는 법에 따라서 두 가지 방식이 있다.

〈타입 1〉

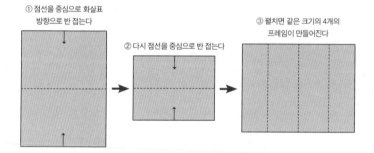

① 점선을 중심으로 화살표 방향으로 반 접는다
② 다시 점선을 중심으로 반 접는다
③ 펼치면 같은 크기의 4개의 프레임이 만들어진다

〈타입 2〉

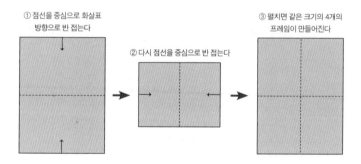

① 점선을 중심으로 화살표 방향으로 반 접는다
② 다시 점선을 중심으로 반 접는다
③ 펼치면 같은 크기의 4개의 프레임이 만들어진다

4개 프레임 템플릿의 다양한 예들

① SPSR 문제 해결 템플릿

SPSR 문제 해결 템플릿은 문제를 잘 정의하고 어떻게 해결할지 개요를 작성하는 데 도움을 준다. 문제 해결을 위한 단계를 네 가지, 즉 상황State − 문제Problem − 해결Solution − 결과Result로 나누어 각 부분에 맞는 내용을 구성하면 된다. 각 단계의 머릿글자를 따서 'SPSR 문제 해결 템플릿'이라 부른다.

'상황' 단계에는 '최근 매출 상황' 또는 '최근 시장 동향'과 같이 현재 어떤 일이 일어나고 있는지 정리한다. '문제' 단계에서는 지금 나 자신 또는 내가 속한 그룹이 직면하고 있는 문제들을 정의한다. '해결' 단계에서는 문제를 해결할 방안들을 정리한다. 마지막으로 '결과' 단계에서는 세우고 실천한 해결책이 성공하였을 경우에 예상되는 결과나, 그 결과가 미칠 영향에 대해서 적는다.

② 4쪽 책 템플릿

2개 프레임 템플릿을 반으로 접으면 4쪽짜리 책 템플릿이 만들어진다. 더 많은 쪽수를 가진 템플릿을 원한다면 스테이플러를 활용해서 책 형식으로 이어붙이면 된다. 이렇게 하면 4, 8, 12, 16(…)쪽의 책 템플릿을 만들 수 있다.

4개 프레임 템플릿의 활용 사례 ━━━━━━━━━

【SPSR 문제 해결 템플릿】

① 상황	② 문제	③ 해결	④ 결과
• 최근 업무량의 급증가로 인해 내가 정말 무엇을 하고 있는지 모를 때가 많다. • 노력 대비 좋은 결과를 얻지 못한다.	• 삶의 우선순위가 무너졌다. • 중요하지 않은 일에 많은 시간을 빼앗기고 있다. • 장기적인 계획이 없다.	• 가장 중요한 우선순위 5가지 작성해보기 • →우선순위 있는 일 순서대로 업무를 수행하기 • 하루전 다음날 일정을 미리 계획하기	• 의미 있고 목적에 이끄는 삶!

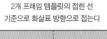

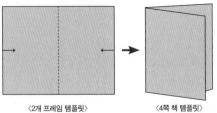

<2개 프레임 템플릿>   <4쪽 책 템플릿>

6개 프레임 종이 템플릿

6개 프레임 템플릿도 마찬가지로 접는 방향에 따라 두 가지 방식이 있다.

<타입 1>   <타입 2>

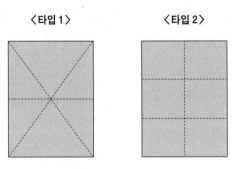

다음과 같이 6등분 하는 세 가지 점선을
중심으로 종이를 접어 펼친다

6개 프레임 템플릿의 다양한 예들

① 질문 템플릿

자신이 생각하고 있는 주제, 키워드, 문제 등에 대해 '왜?', '무엇을?', '어떻게?', '언제/어디서?', '얼마나?', '누가?' 같은 6개 질

6개 프레임 템플릿의 활용 사례

【질문 템플릿】

- 첫 3 개월
주의해야 하는 것은
무엇인가?

- 아이와 놀 수 있는
놀이는 무엇인가?

- 왜 규칙적인 루틴을
만들어야 하는가?

- 왜 아이를 독립적
으로 재워야
하는가?

- 낮시간에 얼마나
재워야 하는가?

- 얼마나 자주 병원에
검진 받아야 하는가?

- 얼마나 자주 목욕을
시키는가?

왜?

무엇? 얼마나?

어떻게? 언제?
어디?

누가?

- 어떻게 수면교육
시킬 것인가?

- 아이와 어떻게
놀까?

- 식사, 빨래,
청소 등 집안일
의 역할, 누가
맡을 것인가?

- 아이가 스스로 할수
있는 것은?

- 언제 모유에서 분유로
바꾸는가?

- 언제부터 유치원에
맡기고 복직할까?

- 아이와 함께
여행할 곳은?

【스토리 템플릿】

① 도입	② 발단	③ 전개
(인물·배경·시간·시대 제공)	(본격적 이야기 시작)	(사건과 갈등이 펼쳐짐)
④ 위기	⑤ 절정	⑥ 결말
(사건과 갈등의 고조)	(사건과 갈등의 폭발)	(이야기 마무리)

문들을 던짐으로써 다양한 관점으로 바라보고 생각할 수 있도록 돕는다.

② 스토리 템플릿

도입 – 발단 – 전개 – 위기 – 절정 – 결말, 총 6단계로 이루어진 전형적인 스토리 구성 템플릿이다.

스토리 템플릿은 단지 소설이나 시나리오를 쓰는 작가들만 사용하는 것이 아니다. 필자는 새로운 프로젝트를 기획할 때마다 어떻게 효과적으로 설득력 있게 아이디어를 설명할까 고민한다. 이럴 때 스토리 템플릿은 큰 도움이 된다.

③ 6쪽 책 템플릿

6쪽 책 템플릿과 바로 다음에 소개할 8쪽, 10쪽 책 템플릿에는 가위가 사용된다. 가위가 없다면 손톱으로 눌러서 가장자리를 날카롭게 만든 다음 종이를 찢으면 된다.

필자가 포닥Post-Doctor: 박사후과정으로 미국 앤아버에 있을 때 여러 번 한인 교회의 어린이들을 돌봤다. 이때 많이 사용한 것이 바로 6쪽 책 템플릿이다.

아이들에게 종이를 한 장씩 나눠주고 소책자 책 템플릿을 만들게 했다. 그러고는 각자 재미있었던 이야기를 적은 후에 한 사

람씩 차례로 돌아가며 소책자를 보여주면서 스토리텔링을 발표

하였다.

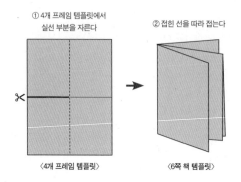

① 4개 프레임 템플릿에서
실선 부분을 자른다

② 접힌 선을 따라 접는다

〈4개 프레임 템플릿〉

〈6쪽 책 템플릿〉

"당신의 미래는 한 장의 빈 종이와 같다. 용기를 가지고 그 종이 위에 당신이 생각한 것과 관찰한 것을 적어나가는 것이다."

_루이스 라팜(Lewis H. Lapham), 미국 작가

더 많은 프레임을 가진 종이 템플릿 사례 ▬▬▬

【8쪽 책 템플릿】

① 점선대로 접어 8개의
균일한 프레임을 만든다

② 실선 부분을 자른다

② 가운데 실선을 따라
위 방향으로 접는다

④ 다음 실선을 따라
바깥쪽으로 반 접는다

⑤ 완성

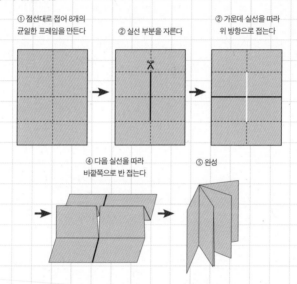

【10쪽 책 템플릿】

① 점선대로 접어 8개의
균일한 프레임을 만든다

② 실선을 따라 자른다

③ 다음 실선 부분을 따라
위 방향으로 접는다

④ 마지막으로 실선을 따라
바깥쪽으로 반 접는다

⑤ 완성

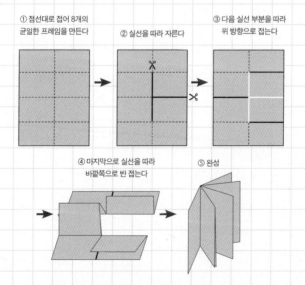

08

모눈노트를 활용해
효과적으로 만들어라

스케치 노트는 다음에 나올 스터디 노트, 비즈니스 노트의 기본이 된다. 따라서 많은 연습과 노력이 필요하다. 그런데 스케치 노트 쓰기를 가르칠 때에 아무리 그럴 필요가 없다고 해도 스케치에 큰 부담을 느끼는 사람이 많았다. 특별히 학생들에게서 다음 두 가지 말이 빈번하게 나왔다.

첫째, 실제 수업 시간에 필기할 때 선과 도형을 신속하고 깔끔하게 그릴 수 없어서 스케치 노트 쓰기를 적용하기가 힘들다.

둘째, 원래 악필이다 보니 글씨 크기에 일관성이 없어서 스케치 노트가 깔끔하지 않다.

이런 사람들에게 모눈노트를 활용해보라고 권유했고 그 결과 큰 효과를 거두었다. 내가 아무 근거도 없이 모눈노트를 쓰라고 소개한 것은 아니다. 세계적인 컨설팅 회사, 맥킨지에서는 실제로 모눈노트를 적극 활용한다. 수많은 강의와 세미나, 회의에 참석해야 하는 맥킨지 직원들은 엄청난 표와 도표, 그래프, 설계도를 스케치하거나 작성해야 한다. 맥킨지는 이런 직원들에게 편의를 제공하기 위해서 자체 업무 노트를 개발했는데 기본적으로 모눈노트로 구성되어 있다.[1]

모눈노트의 가로세로 그리드 선을 활용하면 스케치 노트 쓰기가 훨씬 쉬워지는 효과를 체험하게 될 것이다. 그 이유는 다음과 같다.

1. 자 없이도 도선과 도형을 그리기 쉬워 신속하게 도표, 그래프를 완성할 수 있다.

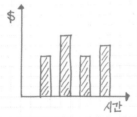

2. 글씨 크기를 쉽게 조정할 수 있어 가독성이 좋다.

가나다라 마 바 사 아자차카타파하
가나다라 마 바 사 아자차카 타파하
가나다라마바사아자차카타파하

3. 글줄 머리와 단락을 쉽게 맞출 수 있다.

노트지능의 힘

파트 I. 스케치 노트지능

- 스케치 노트 쓰기, 누구나 할수 있다.
- 스케치 노트 쓰기의 기본요소
- 배너를 통해 생각을 열어라.
- 프레임을 통해 생각을 전개하라.

모눈노트를 활용해서 스케치 노트 쓰기 연습을 하면 당신도 빠르게 실력을 향상시킬 수 있다.

> "현재보다 더 높은 인생 목표를 달성하기 위해서 먼저 노트법을 바꿔라."
>
> _다카하시 마사후미(高橋政史), 크리에이티브 매니지먼트 대표

WRAP UP

- 레오나르도 다빈치, 아이작 뉴턴, 리처드 파인만 등 천재들은 거의 대부분 노트 쓰기를 했고 이 노트로 아이디어를 실제화시켰다.

- 노트지능은 그림 솜씨가 없는 사람이라도 발전시킬 수 있는 인간의 기본 재능이다.

- 스케치 노트 쓰기는 아이디어를 빠르게 시각화해 더 크게 발전시켜주는 도구다.

- 선, 세모, 네모, 동그라미 등 기본 도형으로도 훌륭하게 스케치 노트를 작성할 수 있다.

- 배너 - 프레임 - 연결도구로 구성된 스케치 노트 쓰기를 통해 효과적으로 생각(유도 - 아이디어 - 연결)을 이끌어낼 수 있다.

- 글씨와 선 긋기에 자신이 없는 사람은 모눈노트의 가로세로 그리드 선을 활용하면 스케치 노트 쓰기가 훨씬 쉬워진다.

PART 2

스터디
노트지능

수업 시간에 질문하는 것을 참 좋아했다.

모르니까…….

그리고 정말 알고 싶으니까…….

01 스터디 노트 쓰기, 무엇을 적을 것인가?

스터디 노트 쓰기란 말 그대로 공부를 위한 노트 쓰기다. 대부분 수업이나 강의 때 노트를 쓰는데, 이것도 스터디 노트 쓰기에 포함된다.

지인들에게 스터디 노트에 대해 어떻게 생각하는지 물어봤을 때 한 가지 공통점을 발견했는데, 상당수가 스터디 노트 쓰기를 매우 귀찮고 따분한 것으로 인식하고 있다는 사실이다.

필자는 스터디 노트 쓰기가 왜 그들에게 재미없는 과정이 되어버렸는지 궁금했다. 그들의 공통적인 반응은 학창시절, 마치 복사기가 된 것처럼 선생님이 말씀하신 모든 정보를 종이 위에 받아 적어야 했기 때문에 그 시간이 지루하고 고통스러웠다고 했다.

"글씨는 영원히 남는다"는 신조를 가지고 최대한 모든 것을 노트에 적겠다는 생각과 태도는 스터디 노트 쓰기에 대한 가장 중대한 실수인 것 같다.

내가 고등학교 2학년 때, 제2외국어 독일어 선생님의 수업 방식이 딱 그랬다. 딱딱한 독일어 발음만큼이나 선생님의 수업 방식 또한 매우 경직되었다. 그는 학생들 모두가 자신이 가르친 독일어 단어와 문장을 전부 공책에 적어놓을 것을 강요했다. 별로 공부하고 싶지 않았던 과목인데 괴롭게 필기까지 해야 하니 독일어 수업은 매우 힘들었다.

배우는 그 모든 내용을 일일이 필기하는 전통적인 방식은 이제 그만두어야 한다. 그 이유는 다음과 같다.

첫째, 스터디 노트 쓰기의 목적을 잃어버린다

단순히 받아 적는 행위는 공부가 아니라 기록일 뿐이다. 참된 공부란 주제에 대해 깊이 생각하고, 무엇을 궁금해하는지 인식하고, 그것의 답을 알아가는 과정이다.

굳이 노트에 다 옮겨 적지 않아도 강의 자료나 참고 자료에 모든 내용(어쩌면 더 많은 내용)이 적혀 있다. 제발 나에게 필요한 중요한 것만을 기록하라.

둘째, 시간 낭비다

수업에서 받아 적는 데 온 관심을 기울이게 되면 정작 선생님이 가르쳐주는 것들에 대해 충분히 이해하고 생각할 시간을 갖지 못한다.

대부분의 선생님이 수업 시간에 강의 자료를 충분히 친절하게 제공해주고 있다. 모든 것을 기록하느라 힘을 낭비하지 말고 수업에 최대한 동참하려고 노력하라.

셋째, 가치 있는 것을 분별할 능력을 갖추지 못한다

공부 잘하는 학생과 못하는 학생의 가장 큰 차이는 분별 능력이다. 공부 잘하는 학생은 같은 내용을 공부하더라도 무엇이 중요하고 무엇에 많은 시간을 투자해야 하는지 알고, 그것을 선택하여 공부한다.

공부를 효과적으로, 탁월하게 잘하고 싶다면 수업 중 듣게 되는 모든 내용을 기록하려고 하지 말고 핵심을 파악하여 노트에 정리하는 게 중요하다.

미국 여성인권운동의 선각자인 아비게일 애덤스Abigail Adams,

1744~1818가 말한 대로 공부의 성과는 그냥 얻어지는 것이 아니라 열정을 다해 갈구하고 부지런히 집중해야 얻을 수 있다. 따라서 공부를 위한 노트인 스터디 노트를 쓰는 데 있어 중요한 것은 수동적으로 그냥 받아 적는 것이 아니라 적극적으로 자신이 모르는 것, 알고자 하는 것을 깨닫는 그 과정을 적는 것이다.

"공부란 열정을 다해서 갈구하고 부지런히 노력해서 얻어내는 것이다."

_아비게일 애덤스

02 효과적인 스터디를 위한 노트 쓰기 지침

스터디 노트 쓰기를 위한 템플릿을 배우기 전에 먼저 스터디 노트 쓰기가 추구해야 할 목적이 무엇인지 생각해보자. 아름다움, 디자인, 재미 등 다양한 목적들을 생각할 수 있다. 하지만 가장 중요한 목적, 잊지 말아야 할 목적 한 가지는 '효과적인 공부'다.

스터디 노트 쓰기의 구성 요소는 효과적인 공부를 위해 존재해야 한다. 따라서 아무리 아름다운 디자인, 재미있는 구성이라도 만약 그것이 공부하는 데 전혀 도움이 안 된다면, 그리고 귀찮은 일이 되어버린다면 스터디 노트 쓰기로서의 가치가 없다.

효과적인 공부를 위해서 스터디 노트 쓰기가 갖추어야 할 기본 지침은 무엇인가? 그동안 나는 초·중·고등학교, 대학교, 대학원, 박사후 연수 과정을 거치며 수많은 스터디 노트를 남겼다. 이 과정에서 깨달은 스터디 노트에서 매우 중요한 네 가지 기본 지침을 공유하고자 한다.

▌ 날짜와 쪽수

날짜와 쪽수를 적는 것은 매우 사소해 보이지만, 노트 쓰기의 양이 많아질 경우 중요해진다. 보통 날짜는 종이의 맨 왼쪽 위에 또는 오른쪽 위에 적는데 나중에 자신이 원하는 내용을 다시 찾아볼 때 매우 요긴하게 쓰일 수 있다. 예를 들어서 중간고사 시험 범위가 정해질 경우 당신은 그 날짜에 해당하는 스터디 노트만을 뽑아서 공부하면 될 것이다. 만약 스터디하는 장소와 선생님이 자주 바뀌는 경우라면 날짜 밑에 장소와 선생님의 이름을 함께 적어도 좋다.

다음으로 쪽수는 종이의 맨 아랫단 중간 또는 오른쪽에 적는다. 쪽수는 당장에는 왜 적는지 이해가 되지 않을 수 있지만, 노트를 완성한 다음 갈무리할 때 매우 요긴하게 쓰인다.

만약 당신이 한 권의 스터디 노트를 다 썼는데 이후에 다시 노트를 열어보지 않는다면 소중한 시간과 에너지를 노트 작성에 쓸

모없이 낭비한 것이다. 또한 사람의 기억력은 점차 소멸하기에 시간이 지남에 따라 완성한 노트 속에 무슨 내용이 들어 있는지도 잊어버리기 마련이다. 십중팔구 결국엔 그 아까운 노트를 방치하거나 분실하게 된다. 개중에는 분실했는지 모르는 경우도 많다.

이런 현상을 없애기 위한 방법이 바로 쪽수를 적는 것이다. 나는 노트를 다 쓰고 나면 노트 커버 안쪽 빈 공간에 중요한 내용이 담긴 페이지 제목과 그 쪽수를 기록한다. 이렇게 하면 나중에 노트를 열어볼 때 안에 어떤 정보가 담겨 있는지 한눈에 파악할 수 있고, 바로 그 쪽수에 가면 내용 확인이 가능하다.

▌제목을 꼭 적어라

페이지 제목은 자유로운 형식으로 적을 수 있다. 간단한 키워드나 구절로 적어도 되고, 문장 또는 질문의 형태도 괜찮다. 개인적으로 나는 질문의 형태로 페이지 제목을 표시하는 것을 선호한다. 제목이 키워드나 구절로 되어 있는 것보다 질문의 형태로 표현될 때, 더 호기심을 자극하고 또한 더 구체적으로 핵심 내용에 초점을 둘 수 있기 때문이다.

어떻게 제목을 만들면 좋을지는 스케치 노트 쓰기에서 배너 만드는 방법을 참조하면 도움을 받을 수 있다.

▌ 핵심 내용을 파악하고 기록하라

스터디 노트 쓰기는 수업 시간에 선생님에게서 들었던 모든 내용을 적는 것이 아니다. 스스로 생각했을 때 정말로 중요한 핵심 내용을 적는 것이 옳은 방법이다.

이렇게 말하면 간혹 이런 질문을 던지는 사람들이 있다. "어떻게 수업 중에 핵심을 파악할 수 있나요?" 이를 위해서는 두 가지 원칙이 있다.

수업 자료를 예습해라

예습의 목적은 내가 곧 배우게 될 내용의 핵심과 흐름을 파악하기 위함이다. 보통 핵심 내용은 "중요한 것은~", "요약하자면 ~", "따라서~", "핵심은~"과 같은 표현과 함께 나온다.

예습을 통해서 핵심 내용을 파악하면 수업 중 그 내용이 등장할 때 효과적으로 집중할 수 있다. 또한 수업 중이나 후에 가르치는 사람과 심도 있는 토론을 할 수도 있다. 이런 과정을 반복하다 보면 정말로 중요한 것들만 노트에 기록할 수 있다.

예습의 중요성을 다시 한 번 강조하기 위해 한 가지 이야기를 추가하자면, 나는 대학교 시절 스스로 다짐한 것이 있다. 앞으로 참여하는 모든 수업과 세미나, 강연에서 최소한 질문 하나는 하겠다는 것이었다. 이 다짐 이후 정말로 많은 사람에게 질문을 던졌고 많은 것들을 배웠고 성장했다. 이것들이 자양분이 되어서 나는 첫 번째 책 《질문지능》을 쓰게 되었다.

수업, 세미나, 강연에는 많은 사람이 함께 참여한다. 따라서 아무 질문이나 해서는 안 되고, 나와 타인을 위해서 좋은 질문을 던져야 한다(그렇지 않으면 욕먹는다). 좋은 질문을 던지기 위한 최고의 방법이 바로 예습이다. 예습을 통해 수업의 핵심을 파악하면 정말로 날카롭고 중요한 질문을 찾아낼 수 있다. 이러한 질문들은 수업에 참여한 모든 사람에게 큰 도움이 된다.

정말로 궁금한 것, 더 알고 싶은 것을 적어라

다시 말하지만 들은 것을 모두 쓸 필요가 없다. 그것은 진짜 공부가 아니다. 그 내용들은 참고 서적에 이미 자세하게 다 적혀 있다. 스터디 노트 쓰기의 목적은 공부하기 위함이고 공부하는 것이란 모르는 것을 알아가는 과정이다. 더 나아가서 공부는 궁금해하는 것을 이해하면서 얻게 된 개념들을 짜임새 있게 조직화하는 과정이다. 따라서 알고 싶은 것을 노트에 써야 한다. 무엇을 모르고 무엇이 알고 싶은지 분명하게 파악했다면 공부의 반은 이미 끝난 것이다.

▌ 자신만의 언어로 요약하라

대학원 시절, 한 교수님이 수업 중 이렇게 질문했다.

"다들 이해했죠?"

그러자 수업에 참여한 대학원 학생들이 고개를 끄덕였다. 교수님은 다시 질문했다.

"그럼 설명해보세요."

하지만 제대로 설명할 수 있는 학생이 없었다. 내가 정말로 어떤 개념을 제대로 알고 있는지, 공부를 제대로 하고 있는지 확인하는 방법은 다른 사람에게 설명할 수 있느냐이다.

다른 사람들에게 제대로 설명하기 위해서는, 자신만의 언어로 개념을 파악하고 요약할 수 있어야 한다. 선생님이 가르쳐준 것을 그대로 노트에 적는 학생은 노트를 보지 않으면 그 개념을 친구에게 설명할 수 없다. 하지만 자신의 언어로 개념을 이해하고 요약한 학생은 노트를 덮어도 쉴 새 없이 이야기하고 가르쳐줄 수 있다. 또한 나중에도 노트를 보고 매우 신속하게 그 내용을 파악해낼 수 있다.

노벨 물리학상을 수상한 리처드 파인만Richard Feynman, 1918~1988은 노트에 자신의 언어로, 자신이 생각하고 이해한 방식으로 물리학 개념을 기술했다. 그는 연구에 있어서만 천재가 아니라 강의에 있어서도 천재였다. 파인만의 강의를 들으려고 저명한 대학

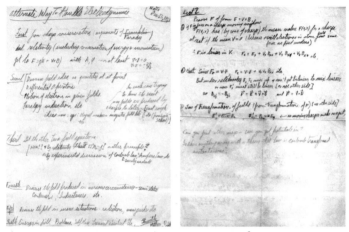

전기역학을 쉽게 이해하는 방법에 관하여 적은 리처드 파인만의 노트[1]

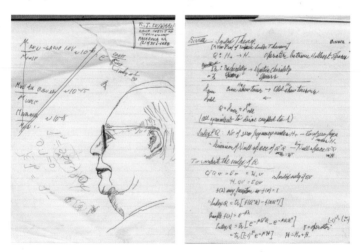

Shelter Island II 이론 물리학 학회에 참가했을 때의 리처드 파인만 노트[2]

PART 2 스터디 노트지능

에서 수많은 학생이 찾아올 정도였다. 파인만은 난해한 현대물리학의 개념을 일상 속 우리가 경험할 수 있는 현상에서부터 차근차근 통찰력 있게 설명했다. 그의 강의를 들은 학생은 재미있는 이야기에 푹 빠져 강의 시작부터 끝까지 몰입할 수 있었다.

파인만은 어려서부터 많은 노트를 남긴 노트 쓰기의 달인이었다. 파인만의 노트를 보면 그가 가진 한 가지 습관을 알 수 있는데 그것은 배운 개념을 자신이 이해할 수 있는 언어로 풀어 다시 서술하는 것이다. 어려서부터 자기만의 언어로 배운 것을 이해하려한 파인만은 물리학자로서 물리학의 개념과 난제를 독창적인 시각으로 바라보았고, 결국 현대물리학에 지대한 공헌을 했다.

파인만은 "모든 복잡함은 단순함의 집합에 지나지 않는다"고 말했다. 그가 남긴 강의 노트에서 일상 속의 단순한 사례에 대한 기술에서 시작해 어떻게 복잡한 물리학 문제를 풀어나갔는지 그 놀라운 통찰력을 엿볼 수 있다.[3]

"최고의 학생은 가르쳐준 자에게 뭔가를 깨닫게 해주는 학생이다."

_어빙 카플란스키, 수학자

03 최적의 공부를 위한 스터디 노트 템플릿

이제부터 본격적으로 효율적인 기록을 가능하게 하는 네 가지 스터디 노트 템플릿에 대해서 알아볼 것이다. 공부에 왕도가 없듯이, 이번 장에 등장하는 네 가지 스터디 노트 템플릿(코넬 노트법, 토론형 노트법, 마인드맵 노트법, 도쿄대 노트법) 모두 서로 간에 우열은 없다. 중요한 것은 자신에게 가장 적합한 템플릿을 찾고 이를 실제로 활용해보는 것이다.[1, 2, 3]

코넬 노트법은 1950년대, 마인드맵 노트법은 1960년대 고안된 노트 쓰기 방법으로 지금까지 그 효과를 인정받고 있다. 단순히 학습과 기억력에 좋은 효과를 발휘하는 것을 넘어 기업의 업무 능력 향상에도 탁월한 가치를 보인다.

▌수업을 위해 최적화된 노트 쓰기: 코넬 노트법

코넬 노트법의 기초

코넬 노트법은 코넬대학교의 월터 파욱Walter Pauk 교수가 고안해낸 노트법으로, 전 세계 학생들에게 가장 많이 알려진 노트 쓰기법이다.

백문이 불여일견! 직접 보면서 배워보자. 코넬 노트법은 크게 '질문/키워드 - 답/내용 - 요약'으로 구성되어 있다.

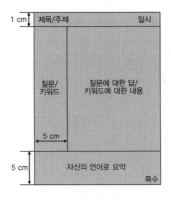

기본적인 코넬 노트법에서 '질문/키워드' 부분은 왼쪽에서 5센

티미터 정도를 차지한다. 이 공간에 질문, 키워드, 주제를 적는다.

참고로 앞에서도 말했지만 나는 질문의 형태로 쓰는 것을 좋아한다. 그 이유는 단어 형태로 키워드만 쓰는 것보다 질문의 형태로 쓸 때, 무엇을 생각해야 하는지 더욱 구체적으로 정의할 수 있기 때문이다. 질문에 답하는 과정에서 더욱 적극적으로 생각할 수 있어서 그렇기도 하다. 한편, 질문/키워드 부분에 코멘트나 참조 내용을 짧게 남길 수도 있다.

오른쪽 '답/내용' 부분엔 질문에 대한 답변과 키워드(또는 주제)에 대한 내용을 정리한다. 가독성이 높은 노트를 만들고 싶다면 왼쪽의 질문 또는 키워드와 나란히 오른쪽에 답과 내용을 배치하면 된다.

마지막으로 '요약' 부분엔 위에 적은 내용을 정리한다. 이때 기억해야 할 점은, 도움이 되는 자료의 내용을 그대로 베껴 요약하는 게 아니라는 것이다. 자신이 이해한 나만의 언어로 줄여야 한다. 이러한 과정을 거쳐야 자신이 공부하고 있는 개념을 더 깊게 이해할 수 있다. 그리고 나중에 노트를 보고 공부할 때도 큰 도움이 된다.

코넬 노트법의 변형

만약 코멘트나 생각의 양이 많을 경우에는 '질문/키워드' 부분의 크기를 5센티미터에서 필요한 만큼 더욱 넓게 늘릴 수 있다.

어떤 내용을 조사(공부)한 양이 많아서 노트 분량이 더 필요하고 요약을 마지막 페이지에 정리하고자 한다면, 중간 페이지에서는 요약 부분을 없애도 좋다. 하지만 마지막 페이지에 요약 부분을 대폭 확장할 것을 권장한다. 자신의 언어로 모든 내용을 요약하면 전체 내용이 머릿속에 확 들어오기 때문이다.

기록 날짜와 수업 이름(또는 전체 주제)도 첫 번째 장 이후부터는 굳이 쓸 필요가 없다. 이때에는 그림과 같이 구분 선을 종이 맨 윗부분부터 시작해서 끝까지 그리면 된다.

요약 부분의 내용이 많지 않다면 오른쪽 아래에 작은 사각형으로 축소할 수도 있다.

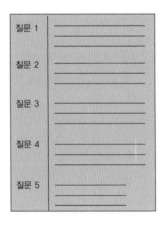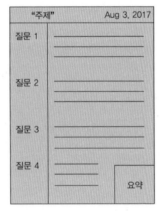

설득력의 비밀   YYYY. MM. DD.

설득력 있는 사람들	• 수 많은 컴퓨터 회사들이 있지만 왜? 　애플사는 특별히 더 창조적으로 인식될까? • 당시 수많은 인권운동가 중 왜? 　마틴 루터 킹 목사가 인권운동을 이끌었을까?
그들의 공통점 Why !	💡 그들은 왜 그 일을 해야하는 지 　　알았다. ❗ 대부분의 사람들은 왜 보다 　어떻게 또는 무엇을 할지에 집중한다.
Start with Why ! 왜 로부터 시작하라 !	" 왜 ? " 라고 하는 것은 무엇일까? ⇨ • 무엇이 당신의 목적인가? 　• 당신이 해야만 하는 사명, 이유는 　　무엇인가 ? 　• 당신의 신념은 ?

☐ 설득력 있고 영감있는 사람들은 Why 부터 시작함.

② 사람들은 그들의 what , How 에 이끌리는 것보다
　Why 즉, 목적·신념·동기에 더 이끌린다.
                                        -1-

생물학이 가르치는 Why의 원리.	 - 중간뇌 - 신피질 (언어/분석/이성) What, How - 크로커다일 뇌 변연계 (감정/결정) Why!

의사 결정을 하는 영역인
변연계는 언어가 아닌 감정을 다스린다.

사무엘 랭리 vs 라이트 형제	사무엘 랭리	vs	라이트형제
	미군으로 받은 자금력 ($ 50k)		자전거 가게
	하버드 학위		학위없음
	충분한 인맥		인맥부족
	목적 : 유명해짐		목적 : 향후 비행기가 세상을 바꿀 것이다는 신념

그 결과	1903. 12 월 겨울, 라이트 형제가 첫비행에 성공하자 사무엘 랭리는 비행기 개발을 포기했다.

> 왜 로부터
> 시작하라!
>
> - 2 -

코넬 노트법의 활용

① 콘텐츠 만들기

정리한 내용에 대해 콘텐츠(목차)를 만들면 나중에 자신이 원하는 내용을 빠르게 찾을 수 있다. 활용 사례를 참고하면 코넬 노트 윗부분에 적은 전체 주제와 왼쪽 부분에 적은 질문/키워드를 활용하여 콘텐츠(목차)를 쉽게 만들 수 있다.

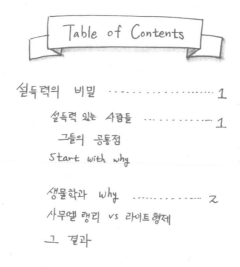

② 시험공부 하기 & 단어장 만들기

코넬 노트법을 통해서 시험 볼 내용에 대해서 충분히 숙지하고 있는지 스스로 확인할 수 있다.

먼저 '답/내용' 부분을 가려보자. 그리고 스스로 '질문/키워드' 부분의 내용만을 읽고 어떤 내용을 적었는지 기억해낸다. 이렇게 반복해서 연습하면 효과적으로 시험공부를 할 수 있다. 공부할 시간이 부족할 땐 요약 부분의 내용만 읽어도 큰 도움을 받을 수 있다.

또한 이와 같은 방법을 활용해 단어장을 만들 수도 있다. 왼쪽 키워드 부분에 단어 또는 표현을 쓰고, 오른쪽 내용 부분에 뜻이나 표현의 의미, 활용 예시를 쓰면 된다. 한쪽을 가리고 알아맞히기를 해보면서 익히면 더욱 효과적으로 단어를 암기할 수 있다.

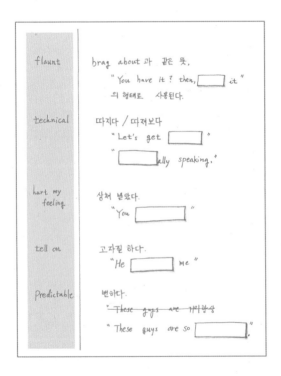

▎효과적인 토론 수업을 위한 노트 쓰기: 토론형 노트법

토론형 노트법은 코넬 노트법과 비슷하지만, 구체적인 정보를 적는 '내용' 부분이 양쪽에 존재하고 '질문/키워드' 부분이 가운데에 존재한다(5센티미터 정도의 폭이 적당함).

토론형 수업의 경우엔 많은 사람이 참여하다 보니 서로 다른 생각들이 존재하기 마련이다. 그렇기 때문에 하나의 질문이나 키워드에 대해서 서로 다른 생각들을 양쪽의 내용 부분에 적으면 된다.

토론형 노트법 활용 사례

〈 종교인 과세 논란 〉   YYYY. MM. DD.

찬성	형평성 논란에 대해서?	반대
"모든 국민은 납세의 의무가 있다." -헌법 11조 "종교인도 성직자이기 전 국민이다."		종교인의 활동은 근로가 아니라 봉사이다. 소득이 아닌 봉사에 대한 사례비이기에 과세의 대상이 되지 않는다.
OECD 34개 국가 중 우리나라를 제외한 모든 국가에서 종교인 소득에 대해 과세함	전세계적 비교?	우리나라는 종교인에 대해 과세의무를 명문화 하지 않음. 관행적으로 세금을 물리 지 않았음.

천주교 : 찬성
  "94년 성직자의 소득세 를 납부하기로 결정"
 대한불교조계종 : 찬성
  "원칙적 찬성"
	우리나라 종교계 입장	개신교 : 반대 / 유보
		  "헌금은 하나님께 바치는 돈"
		  "이중과세다"

▌생각을 유기적으로 정리하는 노트 쓰기: 마인드맵 노트법

마인드맵 노트법Mind mapping은 영국의 토니 부잔Tony Buzan이 만든 생각의 지도 마인드맵을 기초로 하는 것으로 아이디어(이미지, 키워드, 문장 등)를 시각적으로, 그리고 유기적으로 조직해주는 쓰기법이다.

먼저 노트에 가장 중요한 핵심 주제를 쓴 뒤, 그 주제를 중심으로 큰 가지, 잔가지의 형태로 아이디어들을 연결하게 된다. 마인드맵 노트법은 다른 노트법과 비교해보면 매우 높은 자율성을 가지고 있다. 원하는 순서대로 아이디어들을 자유롭게 조직하고 연결할 수 있다.

마인드맵 노트법의 기초

마인드맵 쓰기를 위해서 제일 먼저 해야 하는 것은 핵심 주제를 키워드, 질문 또는 이미지의 형태로 적는 것이다.

가장 기본적인 마인드맵의 형태는 그림처럼 핵심 주제를 종이의 중앙에 위치시킨다. 물론 노트를 정리하는 사람의 기호에 따라 핵심 주제 배너의 위치를 왼쪽 상단이나 왼쪽 하단 등에 정할 수도 있다.

다음으로 핵심 주제로부터 큰 가지들을 뻗어 그 가지들의 끝에 핵심 주제와 연결된 소주제를 도형을 활용하여 적는다. 핵심

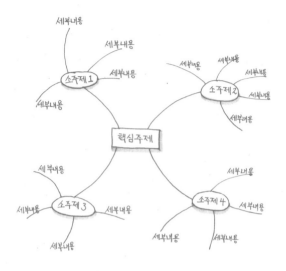

주제와 소주제를 쓸 때 자신의 공부를 위해서 중요한 것, 공부하고 싶은 것을 적어야 한다. 그리고 소주제들로부터 잔가지들을 뻗어 잔가지 끝 또는 잔가지 위에 소주제와 연결된 아이디어를 쓴다. 이때 아이디어는 그림, 키워드, 문장의 형태로 적는다.

마인드맵 노트법의 다양한 활용

코넬 노트법은 들어보지 못한 사람도 있겠지만, 누구나 한 번쯤은 마인드맵 노트법을 들어보았을 것이다. 그만큼 많은 사람이 마인드맵을 알고 있으며 비례해서 다양한 목적으로 마인드맵의 활용이 가능하다.

① 정보 조직화/개념도 만들기

정보 조직화/개념도 만들기는 가장 기본적인 마인드맵 노트법의 활용으로, 자신이 공부하고 있는 정보, 개념 전체를 한눈에 알아볼 수 있도록 조직한다. 마치 지도를 보는 것처럼 자신이 공부하고 있는 여러 정보 사이의 관계를 종이 한 장 위에서 파악해 낼 수 있다.

② 개요 작성

마인드맵 노트법은 발표 및 글쓰기 개요 작성 시에도 매우 유용하다.

마인드맵의 배너에 제목을 쓴 다음 큰 가지들을 뻗게 하여 서론 - 본론 - 결론 또는 기 - 승 - 전 - 결의 내용을 쓴다. 그다음 잔가지들을 추가로 뻗게 해 구체적인 내용을 기술한다. 활용 사례 그림은 삼성 전 계열사 경력직을 대상으로 내가 강연한 내용의 개요 정리다.

③ What if 맵핑

What if 맵핑은 창의적인 아이디어를 내기 위해《질문지능》이란 책을 집필할 때 필자가 고안한 방법이다. "What if?"는 "만약 ~하다면 어떻게 되는가?"라고 해석할 수 있는 가정적 질문이다.

마인드맵 노트법 활용 사례

【정보 조직화/개념도 만들기】

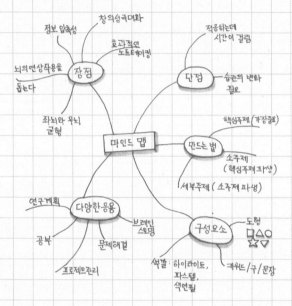

【개요 작성】

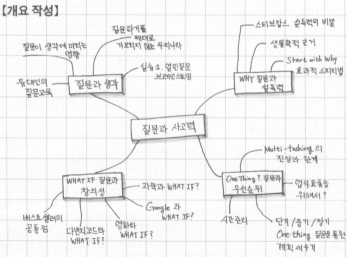

【What if 맵핑】

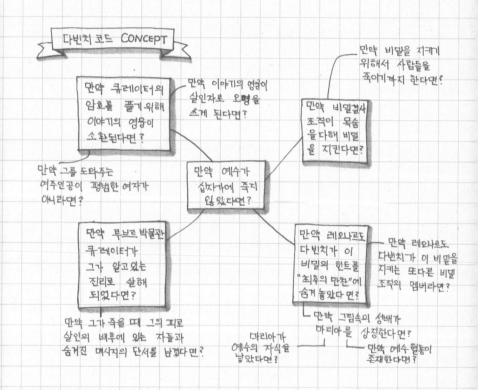

다빈치 코드 CONCEPT

만약 큐레이터의
암호를 풀기위해
이야기의 영웅이
소환된다면?

만약 이야기의 영웅이
살인자로 오명을
쓰게 된다면?

만약 비밀을 지키기
위해서 사람들을
죽이기까지 한다면?

만약 비밀결사
조직이 목숨
을 다해 비밀
을 지킨다면?

만약 그를 도와주는
여주인공이 평범한 여자가
아니라면?

만약 예수가
십자가에 죽지
않았다면?

만약 루브르 박물관
큐레이터가
그가 알고 있는
진리로 살해
되었다면?

만약 레오나르도
다빈치가 이
비밀의 힌트를
"최후의 만찬"에
숨겨 놓았다면?

만약 레오나르도
다빈치가 이 비밀을
지키는 또다른 비밀
조직의 멤버라면?

만약 그가 죽을 때 그의 피로
살인의 배후에 있는 자들과
숨겨진 메시지의 단서를 남겼다면?

마리아가
예수의 자식을
낳았다면?

만약 그림속의 성배가
마리아를 상징한다면?

만약 예수 혈통이
존재한다면?

현재에는 존재하지 않아도, 지금까지 이루어진 적이 없어도 "만약 ~하다면 어떻게 될까?"를 생각해봄으로써 새로운 아이디어와 상상력의 세계로 인도된다.

활용 사례 그림은 소설가 댄 브라운ᴰᵃⁿ ᴮʳᵃʷⁿ이 그의 베스트셀러 《다빈치 코드》 스토리를 어떻게 상상하고 전개했는지를 보여주는 What if 맵핑이다.[4]

▌ 도쿄대 합격생들의 노트 쓰기: 도쿄대 노트법

마지막으로 가깝지만 먼 나라 일본의 최고 명문대학인 도쿄대에 합격한 학생들의 노트법을 소개한다. 일본의 노트 연구가 다카하시 마사후미는 도쿄대 합격생들의 노트를 분석한 결과 코넬노트법과 뚜렷한 두 가지 차이점을 발견했다.

첫째, 코넬 노트법이 세로 방향의 노트 쓰기를 한다면 도쿄대 노트법은 가로 방향의 노트 쓰기를 한다.

두 번째, 코넬 노트법에서 노트의 오른쪽 부분에 필기를 하고 필기의 왼쪽과 아래 영역에 자신의 생각을 정리하거나 자신의 언어로 요약을 한다면, 도쿄대 노트법에서는 노트의 왼쪽 영역에 필기를 하고 오른쪽 영역에 자신의 생각을 정리하거나 자신의 언어로 요약을 한다.[5]

다카하시 마사후미는 인간의 사고는 눈의 구조에 의해 영향을 받는다고 말한다. 즉 우리 두 눈이 가로로 배열되어 있기 때문에 인간의 시야는 가로 방향이 더 넓다는 것이다. 따라서 텔레비전과 컴퓨터, 심지어 영화관 스크린의 경우, 세로보다 가로가 더 넓다. 다카하시 마사후미는 노트가 세로 방향일 때보다 가로 방향일 때 더욱 더 정보를 파악하는 능력과 이해하는 속도가 향상된다고 주장한다.

다카하시 마사후미가 정리한 도쿄대 노트법은 다음과 같이 가로 형태의 노트법이다. 노트를 반으로 나누어 왼쪽은 수업 중 필기를 하는 '필기 영역'이다. 그리고 오른쪽을 또다시 반으로 나누어 왼쪽은 '해석 영역'으로 자신의 생각과 관점, 해석, 의문점, 질문들을 적는 부분으로 사용한다. 그리고 오른쪽 '요약 영역'은 자

"필기 영역"	"해석 영역"	"요약 영역"

신의 언어로 수업의 내용을 정리하거나 의문점, 질문들을 해결하기 위한 대책을 적는다.

"지적인 욕구가 있는 자만이 배울 것이요, 의지가 확고한 자만이 배움의 길목에 있는 장애물을 극복할 것이다."

_유진 윌슨(Eugens S. Wilson, 1905~1981), 미국 애머스트대학교 학장

WRAP UP

- 스터디 노트 쓰기는 배우는 모든 내용을 일일이 종이 위에 받아 적는 것이 아니라 핵심을 파악하여 자신의 언어로 정리하는 것이다.

- 공부 잘하는 학생과 공부 못하는 학생의 가장 큰 차이는 가치 있는 것을 분별하는 능력이다.

- 아름답게 꾸미는 건 중요하지 않다. 스터디 노트 쓰기의 목적은 '효과적인 공부'다.

- 수업 자료를 예습해라. 그래야 수업에 집중할 수 있고 심도 있는 토론이 가능하다.

- 배운 개념을 자신이 이해할 수 있는 언어로 풀어서 서술하는 습관을 가져라.

- 내가 정말로 제대로 이해했는지 확인하는 방법은 다른 사람에게 설명할 수 있느냐이다.

- 명문학교인 도쿄대에 합격한 학생들은 대부분 스터디 노트 쓰기를 하고 있었다.

- 네 가지 스터디 노트 템플릿인 코넬 노트법, 토론형 노트법, 마인드맵 노트법, 도쿄대 노트법 모두 장단점이 존재한다. 상황에 맞게 활용해보고 자신에게 적합한 템플릿을 찾아라.

PART 3

비즈니스
노트지능

회의 때면 내 손은
바쁘게 움직인다.
내가 적어놓은 것은
내 아이디어의 귀한 재료가 된다.

01 비즈니스 노트 쓰기, 성공의 기초가 된다

성공적인 비즈니스를 위해서는 시시각각 변하는 상황들을 파악하고 이에 최적의 전략으로 대응해야 한다. 수시로 발생할 수 있는 모든 가능성을 염두에 두고 큰 그림을 그리며, 생각하는 능력을 갖추어야 한다.

이를 위한 사고법으로 MECE미시가 있다. MECE는 'Mutually Exclusive and Collectively Exhaustive'의 약자로 여러 대상을 상호 중복이 없고 동시에 전체적으로 누락이 없도록 생각하는 것이다.

예를 들어 자신이 만든 제품을 가지고 고객 인터뷰 조사를 한다고 하자. 인터뷰를 하기 전에 당신은 누구를 대상으로 삼을지를 먼저 정해야 한다. 이때 '남자/여자'의 기준으로 인터뷰 대상자를 정한다면 이것은 MECE에 해당한다. 일반적으로 사람들은 남자 아니면 여자로 구분되고, 남자도 여자도 아닌 사람은 없기 때문이다.

만약 '남자/자영업자/직장인'이란 기준으로 인터뷰 대상자를 정한다면 이것은 잘못된 MECE이다. 남자이면서 자영업자 또는 남자이면서 직장인이 존재하기 때문이다. 상호 중복되는 건 옳지 않다.

또한 '20대/30대/40대/50대'를 기준으로 인터뷰 대상자를 정하는 것도 MECE에 해당하지 않는다. 20대 미만인 대상자 또는 60대 이상인 대상자들이 누락되었기 때문이다.[1, 2]

다시 말하자면 MECE 사고법이란 모든 경우의 수를 고려할 수 있는 기준을 정해 생각하는 방식이다. MECE의 다양한 예로 '과거/현재/미래', '단기/중기/장기', '고객/회사/경쟁사', '국산/수입', '아침/점심/저녁' 등이 있다.

MECE 사고법을 비즈니스에 적용한 실제 사례로 미국 패스트푸드점 맥도날드의 아침 식사 세트 판매를 들 수 있다. 맥도날드는 2006년 3월 이전까지 점심 때 문을 열어 점심과 저녁 식사를 하려는 고객들을 대상으로 사업을 했었다. 하지만 MECE 사고법으로 생각해보면 식사는 점심과 저녁에만 하는 것이 아니라 아침에도 한다. 마침내 사고법을 달리한 맥도날드는 출근 전 집에서 밥을 챙겨 먹지 못한 직장인들을 대상으로 아침 식사 세트인 '맥모닝'을 개발했고, 이것은 맥도날드에게 큰 성공을 가져다주었다.

이러한 MECE 사고법은 다양한 노트 쓰기 도구들(테이블, 논리 트리/플로차트, 벤 다이어그램)을 활용하여 효과적으로 수행할 수 있다.

▌테이블을 통한 MECE 사고법

테이블을 만들 때 MECE를 충족시키는 분류(가로)와 요소(세로)를 만든다. 예를 들어 '단기/중기/장기'와 같이 상호 중복이 없고 동시에 전체적으로 누락이 없는 분류를 만들고, 수행하려는 모든 프로젝트를 요소로 리스트화한다.

그리고 여기에 새로운 요소 '업무'를 해당하는 각 셀에 추가하면 된다.

요소 \ 대분류	단기	중기	장기
프로젝트 A	업무 A 업무 B	―	―
프로젝트 B	―	업무 C 업무 D/E	―
프로젝트 C	업무 F 업무 G	―	―
프로젝트 D	―	―	업무 H 업무 I
프로젝트 E	―	―	업무 J 업무 K
프로젝트 F	―	업무 L 업무 M	

▌논리 트리/플로차트를 통한 MECE 사고법

논리 트리Logic tree는 어떤 개념의 흐름을 한눈에 알아보기 쉽게 도형(주로 사각형)과 선을 활용하여 나타낸 개념도이다. 다음 페이지의 MECE 사고법 활용 사례를 참고하자.

만약 개념의 흐름이 시간적 순서 또는 인과관계로 진행이 된다면 개념을 연결하는 선을 화살표로 바꿀 수 있다. 이렇게 도형과 화살표로 일의 과정, 개념의 흐름을 나타낸 개념도를 플로차트Flow Chart(플로우차트라고도 한다)라 한다.

논리 트리와 플로차트를 활용하여 효과적으로 MECE 사고를 할 수 있다. 하나의 개념에서 여러 개념으로 세부화되거나 연결되는 단계가 여러 번 반복될 때, 단계마다 MECE를 충족시키도록 만든다.

▌벤 다이어그램을 통한 MECE 사고법

MECE를 만족시키는 분류들을 나타내는 서로 다른 집합을 하나의 큰 사각형 안에 나타낸다. 만약 MECE 분류가 세 가지라면 사각형을 삼분할하고 네 가지라면 사분할한다. MECE를 만족시키는 분할된 영역들은 절대로 겹치지 않는다. 다음으로 각 분류에 해당하는 항목들을 적는다.

특별히 벤 다이어그램을 사분할하는 경우에는 그래프 프레임을 활용하여 다양한 분석을 할 수 있다. 예를 들어 가로축을 시장 점유율(높다 vs 낮다)로 잡고 세로축을 시장 성장률(높다 vs 낮다)로 잡으면 MECE를 만족시키는 사분할 벤 다이어그램이 만들어진다. 여기에 현재 출시된 제품들을 나타내면 일목요연한 시장 동향 분석을 할 수 있다.

사분할 벤 다이어그램을 통한 MECE의 또 다른 예로 기업의 내부 환경과 외부 환경을 분석하여 이를 토대로 마케팅 전략을 수립하는 SWOT [Strength(강점), Weakness(약점), Opportunity(기회), Threat(위협)] 분석이 있다. SWOT 분석은 경영의 현재 상황을 판단하고 향후의 사업 방침을 결정하는 데 큰 도움이 된다.

SWOT 분석은 가로축을 '유리 vs 불리'로 잡고 세로축을 '내부 요인 vs 외부 요인'으로 잡는다. 이때 내부 요인으로는 인적·물적 자원, 제품 서비스 품질, 브랜드 파워 등이 해당하고, 외부 요인으로는 시장 동향, 트렌드, 세계 상황, 기술 혁신에 따른 시장 변혁, 법령의 변화가 이끄는 새로운 질서 등이 해당한다.

내부 요인이며 유리한 것들은 사업의 '강점(S)'이고, 내부 요

MECE 사고법 활용 사례

【논리 트리/플로차트】

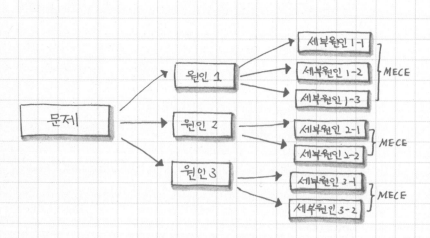

【사분할 벤 다이어그램】

〈그래프 프레임 활용〉

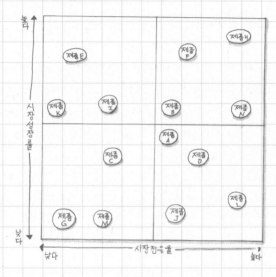

〈SWOT 분석〉

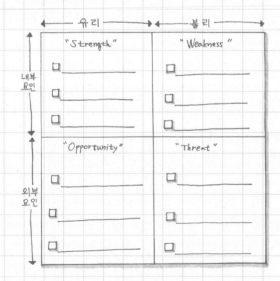

인이며 불리한 것들은 사업의 '약점(W)'이다. 외부 요인이며 유리한 것들은 사업의 '기회(O)'이고 외부 요인이며 불리한 것들은 사업의 '위협(T)'으로 분류할 수 있다.

> "당신의 비즈니스에 대한 생각을 바꿈으로써
> 당신의 비즈니스에 대한 모든 것을 혁신할 수 있다."
>
> _지그 지글러(Zig Ziglar, 1926~2012), 작가, 기업 강연가

02 효과적인 시간 관리의 기술
: 우선순위 노트법

비즈니스 업무는 당연히 공부와는 다른 면이 존재한다. 공부는 본질적으로 혼자서도 할 수 있고 그에 따른 성과도 충분히 개인이 얻을 수 있지만, 비즈니스 업무는 일반적으로 여러 사람과 협력해야만 한다.

따라서 성공적인 비즈니스를 위해서는 상호 간에 약속된 시간을 잘 지켜야 하고 주어진 시간을 효율적으로 관리하며 효과적으로 사용해야 한다. 이번 장에서는 시간 관리를 돕는 우선순위 노트 쓰기에 대해서, 즉 시간 관리 프레임과 템플릿에 대해서 다룰 것이다.

▌우선순위를 정하라

우선순위 없이 시간 관리를 한다는 것은 마치 목적지 없이 무작정 여행을 떠나는 것과 같다. 시간 관리에 있어서 제일 먼저 해야 할 것은 어떤 일이 중요하고 필요한지의 파악이다.

다음의 네 가지 유용한 템플릿들을 통하여 일의 우선순위를 알아보자.

시간 관리 매트릭스

《성공하는 사람들의 7가지 습관The Seven Habits of Highly Effective People》의 저자이자 컨설턴트인 스티븐 코비Stephen Covey, 1932~2012는 중요성과 긴급성에 따라서 일들을 네 가지 타입(중요하지 않고 긴급한 일, 중요하지 않고 긴급하지 않은 일, 중요하고 긴급한 일, 중요하고 긴급하지 않은 일)으로 구분하였다.

평소에 우선순위를 파악하지 않고 일하는 사람의 특징은 그때그때 발생하는 긴급한 문제들을 해결하는 데에 대부분의 시간을 사용한다는 것이다. 또한 그들은 업무 스트레스나 동기부여의 결핍 때문에 중요하지 않고 긴급하지도 않은 일들로 도피하는 성향이 있다.

이처럼 우선순위 없이 일하면, 늘 바쁘고 일은 열심히 하지만 영향력 있는 중요한 일을 성취하기가 어렵게 된다.

성공하는 사람들, 생산성이 높은 사람의 특징은 우선순위가 높은 일을 잘 파악하고 꾸준하게 이러한 일들을 진행시키는 것이다.[1] 시간 관리 매트릭스를 활용하면 중요하고 긴급하지 않은 일들, 곧 우선순위가 높은 일들을 한눈에 파악할 수 있다.

노력-임팩트 매트릭스

성공하는 사람의 특징은 모든 일에 동일한 시간과 에너지를 투자하지 않는다는 점이다. 그들은 사용할 수 있는 시간과 에너지가 유한하다는 사실을 잘 안다. 그래서 임팩트가 작은(중요하지 않은/성공해도 파급력이 낮은) 일들에 들어가는 노력을 최소화하고, 그 에너지를 임팩트가 큰(중요한/성공할 경우 파급력이 엄청난) 일들에 투자한다.

반면 그렇지 못한 사람들은 임팩트가 작은 일들에 더 노력을 기울이거나 또는 매사에 노력하기를 게을리한다. 아무리 자신이 열심히 해도 그 일이 작은 임팩트를 가져다준다면 동기부여가 떨어질 수밖에 없다.

'노력-임팩트 매트릭스 템플릿'은 큰 성공을 가져올 일들을 파악하는 데 도움이 된다. 템플릿의 각 영역마다 'To Do 리스트 프레임'을 통해 내용을 구성한다.

원씽 매트릭스

당신은 더 많은 성과를 원할수록 더욱 더 적은 일, 가장 우선 순위에 있는 일에 집중해야 한다. 자기계발 분야의 베스트셀러, 《원씽, 복잡한 세상을 이기는 단순함의 힘The One thing》의 저자이자 전 세계에서 두 번째로 큰 투자기업의 대표인 게리 켈러Gary Keller 는 성공을 위해서 가장 우선순위에 있는 한 가지 일(원씽)이 무엇 인지 날마다 질문하고 답하고 실천하라고 말한다.

원씽을 찾아가는 과정을 통해 중요한 일을 찾고 여기에 자신 의 소중한 에너지와 시간을 집중하게 된다. 그리고 연속된 원씽 질문을 던짐으로써 장기적으로 그리고 단기적으로 모두 우선순 위 있는 삶을 설계하게 된다. 이때 장기적인 목표와 단기적인 목 표는 서로 유기적으로 연결된다.[2]

최고 목표 브레인스토밍

세계적인 성공학의 대가, 브라이언 트레이시Brian Tracy는 사람들 에게 가장 중요한 목표를 향해 끊임없이 삶을 재조정하라고 말 한다. 비행기는 티켓에 표시된 출발 시각에 맞춰 출발하면 예정 된 시간에 거의 도착한다. 그런데 우리가 비행기를 타는 동안 비 행기가 항로를 정확하게 날아온 시간은 실제로 얼마 되지 않는 다. 비행기는 끊임없이 목적지로 가는 항로에 최대한 가깝게 비

템플릿을 활용해 우선순위 파악하기 ▬▬▬▬▬

【시간 관리 매트릭스】

중요함

□ _____ □ _____

□ _____ □ _____

□ _____ □ _____

긴급함 ◀─────────────────────────▶ 긴급하지
않음

□ _____ □ _____

□ _____ □ _____

□ _____ □ _____

중요하지 않음

【노력-임팩트 매트릭스】

임팩트 큼

□ _____ □ _____

□ _____ □ _____

□ _____ □ _____

적은 노력 ◀─────────────────────────▶ 많은 노력

□ _____ □ _____

□ _____ □ _____

□ _____ □ _____

임팩트 작음

【원씽 매트릭스】

| 향후 5년의 목표를 위해 금년에 할수 있는 원씽은? | 금년의 목표를 위해 이번달 할수 있는 원씽은? |

☐ _____

☐ _____

☐ _____

☐ _____

☐ _____

☐ _____

| 이번달 목표를 위해 이번주 할수있는 원씽은? | 이번 주 목표를 위해 오늘 할 수 있는 원씽은? |

☐ _____

☐ _____

☐ _____

☐ _____

☐ _____

☐ _____

【최고 목표 브레인스토밍】

최고 목표 브레인 스토밍

☐ _____ " 목표 1 " _____

☐ _____ " 목표 2 " _____

☐ _____ " 목표 3 " _____

☐ _____ " 목표 4 " _____

☐ _____ " 목표 5 " _____

☐ _____ " 목표 6 " _____

☐ _____ " 목표 7 " _____

행하려고 노력할 뿐이다.

삶에 목표가 있는 것과 없는 것은 천지 차이다. 목표는 자신이 길을 잃지 않고 목적지까지 최대한 빨리 도착할 수 있게끔 도와준다. 브라이언 트레이시는 다음과 같이 자신의 최고 목표를 찾도록 지도한다.[3, 4]

첫째, 종이 위에 자신이 꼭 이루어야 한다고 생각하는 목표들을 최소 10개 이상 적는다. 목표는 분명하고 측정 가능할수록 좋다.

둘째, 자신이 중요하지 않다고 생각하는 순서대로 목표를 하나씩 지워나간다.

셋째, 마지막으로 남은 목표가 바로 자신의 최우선 순위 목표이다.

▌업무 계획을 세워라

우선순위를 파악했으면 이제 그것을 목표로 잡아 구체적인 계획을 세워야 한다.

Yes-No 계획법

한 기자가 어느 날 스티브 잡스에게 어떻게 하면 중요하고 우선순위에 있는 일을 집중력을 잃지 않고 수행할 수 있는지 비결을 물었다. 스티브 잡스는 이렇게 말했다.

"집중력이란 하지 말아야 할 것에 No라고 단호하게 말하는 것입니다."

무엇이 가장 중요하고 우선순위에 있는지 파악했다고 끝이 아니다. 그 일을 집중력 있게 추구하고 마침내 성취해내야 한다. 이를 위해서 자신이 해야 하는 작업은 목표를 위해 해야 하는 일과 하지 말아야 하는 일을 분류하고, 해야 하는 일만을 추구하는 것이다.

매일 하나씩 실천하기

"천 리 길도 한 걸음부터"라는 말이 있듯이 꾸준한 노력이 뒷받침되어야 위대한 꿈이 이루어진다.

자신의 최우선 순위가 정해졌으면 매일 그 목표를 향해 한 걸음씩 앞서나가라. 하루도 그냥 허투루 보내지 말고, 1년 365일 끊임없이 목표를 이루기 위해 최선으로 할 수 있는 무언가를 해보는 거다.

먼저 종이 위에 최우선 목표를 적고, 그 목표를 위해 할 수 있는 일들을 가능한 한 많이 적어봐라. 그다음 매일 최소 한 가지 일을 선택해 수행해본다. 그리고 그 일을 완료하면 네모 박스를 체크해 표시한다.

템플릿을 활용해 업무 계획 세우기1 ▬▬▬▬▬▬▬

【Yes-No 계획법】

목표 : " _____ "

Yes 해야할 것	No 해야할 것
☐ _____	☐ _____
☐ _____	☐ _____
☐ _____	☐ _____
☐ _____	☐ _____
☐ _____	☐ _____

【매일 하나씩 실천하기】

" 최우선 목표 "

☐ _____	☐ _____
☐ _____	☐ _____
☐ _____	☐ _____
☐ _____	☐ _____
☐ _____	☐ _____
☐ _____	☐ _____
☐ _____	☐ _____

골 노트

골 노트Goal note는 자신의 큰 목표Goal를 작은 목표들(마일스톤, Milestones)로 세분화시키고 이를 구체적으로 달성할 수 있도록 도울 것이다.

그동안 필자는 많은 프로젝트를 수행했다. 그러한 경험에 따르면 하나의 목표는 평균적으로 3개 또는 4개의 마일스톤이 이루어질 때 성취된다.

코넬식 노트 플랫폼에 자신의 목표를 적어라. 왼쪽 공간에 마일스톤을 적고 오른쪽 공간에는 각 마일스톤을 이루기 위해 해야 할 일들을 적는다. 여기서 중요한 것은 해야 할 일을 쓰고, 언제까지 그 일을 이룰지 반드시 마감일Dead Line을 적는 것이다. 경험으로 볼 때, 마감일을 정하고 일하는 것과 정하지 않고 일하는 것에는 성취도에서 엄청난 차이가 있다.

▌시간 플래너 작성하기

우선순위를 결정하고 구체적인 업무 리스트를 완성했다면 이제 드디어 시간 플래닝을 할 차례다. 팀원들 사이에 업무를 분담하여 효율적인 계획을 짜야 한다.

템플릿을 활용해 업무 계획 세우기2

【골 노트】

"최우선 목표"

"마일스톤 1"
☐ _____ _____
☐ _____ _____
☐ _____ _____

"마일스톤 2"
☐ _____ _____
☐ _____ _____
☐ _____ _____

"마일스톤 3"
☐ _____ _____
☐ _____ _____
☐ _____ _____

"마일스톤 4"
☐ _____ _____
☐ _____ _____
☐ _____ _____

일일/주간 플래너

일일/주간 플래너는 그래프 프레임을 통해서 만들 수 있다. 제일 간단한 플래너는 일일 플래너의 경우엔 가로축 또는 세로축을 그린 뒤 시간을 눈금으로 정하고, 주간 플래너의 경우엔 요일을 눈금으로 정해 만들 수 있다. 그런 다음 업무 리스트를 화살표를 이용하여 나타내면 된다.

장기간 프로젝트 플래너

장기간 프로젝트는 나 혼자 일하는 것이 아니라 일반적으로 팀과 협력하게 된다. 그리고 장기간으로 하다 보니 여러 세부 목표들로 구성된다. 따라서 장기간 프로젝트 플래너는 시간을 나타내는 축에 협력하는 팀 또는 세부 목표를 나타내는 축이 추가된다. 그리고 나와 협력팀이 해야 하는 업무 리스트를 화살표를 이용하여 나타내면 된다.

스마트 동기화

요즘은 자신의 일정을 디지털화하여 클라우드에 저장하면 스마트폰, 스마트시계, 노트북, 데스크톱 컴퓨터 등의 전자 장비를 활용해서 언제 어디서나 일정을 확인하고 수정할 수 있다.

대표적으로 무료로 제공되는 구글 및 애플 캘린더를 활용하여

템플릿을 활용해 시간 플래너 작성하기 ━━━━━

【일일/주간 플래너】

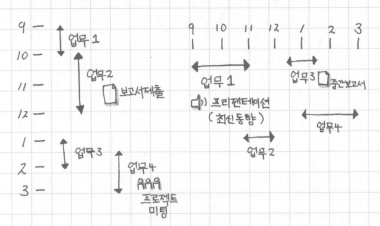

【장기간 프로젝트 플래너】

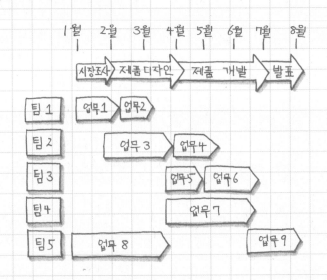

일정을 등록하면 자동으로 자신이 가지고 있는 모든 전자 기기의 캘린더가 동기화된다. 이렇게 클라우드 기반 캘린더를 활용하면 일정을 함께 일하는 동료와 공유할 수 있고, 알람 기능 등을 통해 잊어버리지 않도록 할 수 있다.

따라서 항상 시간 플래닝을 마치면 클라우드 기반 캘린더에 일정을 등록하라.

"스스로 하루를 경영하라,
아니면 하루가 당신을 흔들 것이다."

_짐 론(Jim Rohn), 기업가

03 문제 해결을 위한 비즈니스 전략 노트

비즈니스 업무를 하다 보면 우리는 수많은 문제를 만난다. 문제에 대해 어떻게 접근하고 어떻게 효과적인 해결책을 찾는가는 비즈니스의 흥망성쇠를 결정한다.

지피지기 백전백승, 적을 알고 나를 알면 백 번 싸워도 이긴다고 하지 않았는가? 문제 해결에도 이 원리는 동일하게 적용된다. 문제가 도대체 무엇인지 분명하게 정의하고, 정의된 문제에 대해서 자신이 사용 가능한 또는 할 수 있는 일이 무엇인지 파악된다면 그 비즈니스는 성공할 가능성이 매우 높아진다.

그럼 이제부터 구체적으로 어떻게 창의적으로 문제를 정의하고 해결할 수 있는지, 이를 위한 노트 쓰기에 대해서 공부해보자.

▋ 문제 정의하기

문제 해결에서 제일 중요한 것은 해결책부터 찾는 것이 아니다. 문제에 대해서 명확하게 규명하는 작업이 우선되어야 한다. 그래야 비로소 효과적인 해결책을 찾아낼 수 있다.

문제의 본질에 접근하기 위해서는 현재 상황과 그 상황을 만든 숨겨진 이유를 파악해야 한다. 이 작업은 플로차트를 통한 MECE 사고법으로 수행할 수 있다.

다음 그림과 같이 현재 상황에 대해서 가지치기 형식으로 상황 1, 상황 2, 상황 3을 적어보고 실제로 해당하지 않는 상황들을 X자로 표시해 지워나간다.

현재 상황이 정의가 되었으면 이 상황을 만든 원인(원인 1, 원인 2, 원인 3……)을 가지치기 형식으로 적어본다. 앞서와 마찬가지로 실제로 해당하지 않는 원인을 X자로 표시해 지우고, 남은 원인에 대해서 계속해서 더 본질적인 원인을 탐색해나간다.

이렇게 문제 정의 플로차트를 만들고 나면 첫번째 그림과 같이 문제를 정의할 수 있다.

그 아래는 구체적으로 예를 든 것이다. 다음과 같이 현재의 매출 상황과 이에 대한 원인을 파악해볼 수 있다. 그리고 문제를 그림 아래와 같이 정의할 수 있다.

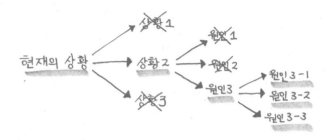

"원인 3-1, 원인 3-2, 원인 3-3에 의한 원인 3의 발생으로 인해서 상황 2에 직면하는 어려움을 겪고 있다!"

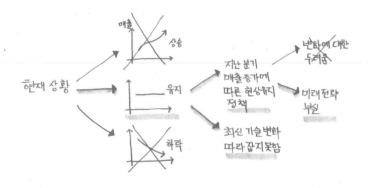

"최근 기술의 흐름을 따라잡지 못하고 이에 대한 미래 전략이 부실한 가운데 현상 유지만 하려는 정책은 과거 매출 수준만 유지시킬 따름이다. 미래 매출 수준이 위험하다."

▌ 자원 파악하기

이제 문제와 관련하여 자신이 현재 사용할 수 있는 자원(인적 자원, 물적 자원)이 무엇인지 파악해야 한다.

이것은 개념들의 관계를 알아보는 데 사용되는 개념도를 활용하여 할 수 있다. 자신이 사용할 수 있는 자원들[A, B, C, D, E, F, (…), X, Y, Z]을 먼저 종이 위에 생각나는 대로 랜덤으로 자유롭게 위치를 정해 적는다. 그리고 적어놓은 자원 간에 관련이 있는 대로 선을 그어 연결 짓는다.

무작위로 적었던 자원들이 처음에는 아무런 관련이 없어 보였지만 선을 그어 연결 짓고 나면 질서정연하게 여러 카테고리로 그룹화될 것이다. 마지막으로 일목요연하게 각 그룹에 맞춰 자신이 적은 자원들을 정리한다.

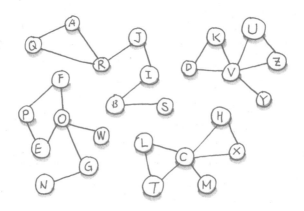

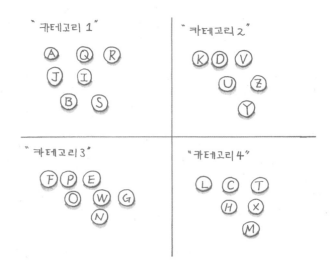

▍문제를 실현할 수 있는 구체적인 목표로 변환하기

자신이 정의한 문제가 단순할 경우엔 단기간에 바로 해결된다. 하지만 복잡할 경우엔 오랜 시간 동안 여러 단계를 거쳐 해결되기 마련이다. 문제가 심각하고, 사안이 중요할수록 더욱 그렇다. 이때는 정의된 문제를 실현할 수 있는 구체적인 목표로 변환시켜야 한다.

자신이 정의한 문제를 "어떻게 ~하는가?"의 형태인 'How 질문'으로 표현하면, 그 질문이 앞으로 이뤄야 할 목표가 된다. 예를 들어 앞서 정의한 예시 문제를 다음의 여러 'How 질문' 형태로 바꾸어 표현할 수 있다.

"어떻게 최신 기술 흐름을 따라가는가?"

"어떻게 최신 기술 흐름을 주도하는가?"

"어떻게 성공 가능한 미래 전략을 수립하는가?"

"어떻게 현상 유지를 넘어 두 배의 매출을 올리는가?"

"어떻게 미래 매출 수준을 예측하는가?"

"어떻게 미래 매출을 지속적으로 성장시키는가?"

이렇게 'How 질문'을 가능한 한 많이 생각해내서 포스트잇에 적어 벽이나 화이트보드에 붙여보자. 그리고 이것들이 얼마나 구체적이며 실현 가능한지 평가하여 집중해야 할 목표들을 정하자.

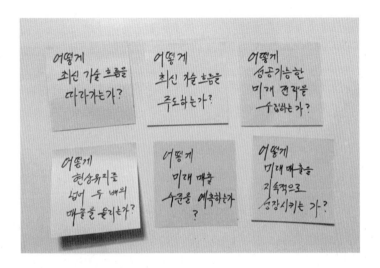

▌문제 해결책 창의적으로 마련하기

목표를 성취할 수 있는 창의적인 아이디어를 어떻게 생각해낼 수 있을까?

여기서도 이미 선배 거인들이 마련해놓은 방법이 있다. 바로 수렴적 생각하기Convergent Thinking, 확산적 생각하기Divergent Thinking, 그리고 옆으로 생각하기Lateral Thinking 다. 그리고 이 세 가지 생각하기를 통해 탄생한 아이디어는 모두 'What if 질문'의 형태("만약 ~라면 어떻게 될까?")로 기술된다.

첫 번째, 수렴적 생각하기

이것은 두 가지 이상의 서로 다른 요소들을 하나로 결합하면서 생각하는 방법이다. 서로 다른 요소들이 하나로 결합될 때 이전에 보이지 않았던 새로운 가능성이 발견될 수 있다.

수렴적 생각하기에 대한 'What if 질문'은 'What if 플러스(+) 질문'이다. 'What if 플러스 질문'은 기본적으로 "만약 A와 B가 하나로 결합할 경우에 어떻게 될까?", "만약 A에 B를 더하면 어떻게 될까?"의 형태다.

가장 대표적인 예로 2007년 아이폰 3G 시연 발표회 때 스티브 잡스가 던진 질문이다.

"전화, 인터넷, 아이팟 이 세 가지 위대한 발명품이 하나의 디

바이스로 결합한다면 어떻게 될까요?"

두 번째, 확산적 생각하기

이것은 어떠한 대상을 이루는 요소들을 하나씩 제거하면서 생각하는 방법이다. 이를 통해 어떠한 문제를 더 단순하게 바라볼 수 있으며, 문제의 핵심을 찾아낼 수 있다.

확산적 사고법에 대응하는 'What if 질문'은 'What if 마이너스(-) 질문'이다. 'What if 마이너스 질문'은 기본적으로 "만약 A에서 B를 뺀다면 어떻게 될까?"의 형태다.

대표적인 예는 가전제품 기업 다이슨Dyson의 혁신적인 무선 청소기 개발팀이 던진 질문에서 찾아볼 수 있다.

"청소기에 베큠백vacuum bag, 진공청소기의 집진대을 없애면 더 편리하지 않을까?"

"코드 없이 무선 충전을 통해 청소기가 구동되면 더 편리하지 않을까?"[1]

세 번째, 옆으로 생각하기

이것은 우리가 기존에 알고 있는 상식, 이론, 습관 등 모든 것을 거부하고 새로운 관점과 방향으로 생각하는 방법이다. 이를 통해서 그동안 이미 알고 있는 대상을 모르는 것처럼 낯설게 바라보고, 기존의 결과와는 완전히 다른 혁신적인 아이디어를 찾아낼 수 있다.

측면적 사고법에 대응하는 'What if 질문'은 'What if 엑스(X) 질문'이다. 'What if 엑스 질문'은 기본적으로 "만약 기존의 A가 틀렸다면(A가 아니라면/A와 반대로 선택한다면/A를 거부한다면) 어떻게 될까?"의 형태다.

대표적인 예는 아이언맨의 실제이자 인류의 다양한 문제 해결을 위해 기존의 방식을 고수하지 않고 늘 새롭고 독창적인 방식을 추구해온 테슬라모터스의 CEO 일론 머스크Elon Musk가 던진 질문에서 찾아볼 수 있다.

"로켓의 비싼 연료통은 로켓 사용 후 항상 버리는 것이었는데

<table>
<tr><td colspan="3">" 실현 가능하고 구체적인 목표 "</td></tr>
<tr><td>" What if + ? "</td><td>" What if - ? "</td><td>" What if × ? "</td></tr>
<tr><td>☐ _____</td><td>☐ _____</td><td>☐ _____</td></tr>
<tr><td>☐ _____</td><td>☐ _____</td><td>☐ _____</td></tr>
<tr><td>☐ _____</td><td>☐ _____</td><td>☐ _____</td></tr>
<tr><td>☐ _____</td><td>☐ _____</td><td>☐ _____</td></tr>
<tr><td>☐ _____</td><td>☐ _____</td><td>☐ _____</td></tr>
</table>

만약 버리지 않게 된다면?"

"모든 자동차 회사는 특허 기술을 보호하기 위해 엄청난 노력을 기울이는데 만약 테슬라 전기자동차의 특허 기술을 사람들에게 공유하면 전기 자동차 시장은 어떻게 흘러갈까?"

"결제를 위해 꼭 은행을 거쳐야 하는가? 만약 은행을 거치지 않고 간편한 이메일을 통해서 온라인 결제가 이루어진다면 더 좋지 않을까?"[2, 3]

일론 머스크는 우주여행이라는 인류의 꿈을 실현시키기 위해 스페이스엑스 사도 설립했다.

지금부터 우리 스스로가 직접 아이디어를 얻기 위해 'What if 플러스/마이너스/엑스 질문'들을 던져보자.

▌플로차트를 통한 문제 해결 흐름 파악

마지막으로 소개할 것은 플로차트를 활용한 문제 해결 흐름도 작성이다. 플로차트는 일의 전체 과정을 한눈에 알기 쉽게 도형과 화살표를 활용하여 나타낸 차트이다. 효과적인 문제 해결을 위해서는 자기 스스로 문제가 해결되는 전체 흐름을 잘 이해하고 각 과정에서 무엇을 해야 하는지 파악해야 한다.

또한 'What if 질문'을 통해 얻은 아이디어들을 포스트잇을

플로차트로 문제 해결 흐름 파악하기

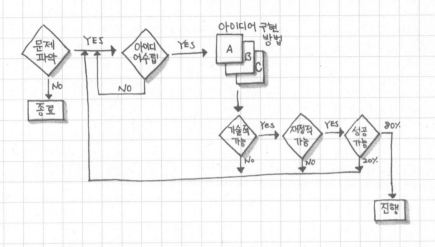

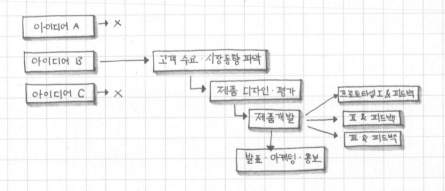

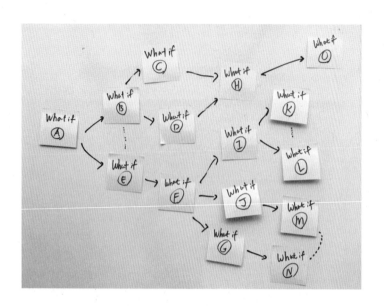

활용하여 벽이나 화이트보드에 맵핑해보라. 이를 통해 자신이
생각해낸 창의적인 아이디어들을 가지고 문제 해결을 위한 플로
차트를 만들 수 있다.

"기존과 똑같은 방법으로 혁신적인 결과와 성과를 낸다는 것
은 미친 짓이다."

_팀 브라운(Tim Brown), IDEO 최고경영자, 산업 디자이너

04 끌리는 보고서 작성을 위한 비즈니스 노트법

아이디어를 널리 퍼뜨리기 위해 인간이 발명한 가장 놀라운 도구는 바로 '스토리'다. 스토리 속에 유머와 해학을 넣어 사람들을 기쁘게 하였고, 문제를 극복하는 인물들의 자세를 보여주며 용기와 지혜를 전달하였다. 또한 비극을 통해 인간의 공감을 극대화했고 반전을 통해 인간의 희열을 최대로 끌어냈다. 잘 만들어진 스토리는 장소와 장소를 넘고, 시대와 시대를 넘어 전승되어 전달하고 싶은 메시지를 효과적으로 알렸다.

오늘날 스토리는 단순히 책 이야기라는 한계를 넘어 브랜드 가치를 결정짓는다. 역사적 유물들에 값으로 매길 수 없는 가치가 있는 건 누가, 어디서, 어떻게, 왜 사용했는지 그 스토리 때문이듯, 오늘날 명품 브랜드에는 짝퉁으로는 절대 전달할 수 없는 명품만의 스토리가 있다. 스토리는 그 명품의 기본이 되는 소재, 제작법, 디자인의 정교함을 뛰어넘는다.[1]

스토리의 힘은 보고서에도 동일하게 적용된다. 끌리는 보고서, 효과적으로 핵심을 전달하는 보고서, 수많은 보고서 중에 돋보이는 보고서에는 스토리가 존재한다.

즉 이러한 보고서는 메시지를 전달하는 탄탄한 스토리 구조로 되어 있다. 이번 장에서는 평범한 보고서에 날개를 달아줄 탄탄한 스토리 구조 만들기에 대한 두 가지 방법을 소개하겠다.

▌빅 비전(BIC Vision) 구조

'배경 Background − 이슈 Issue − 콘셉트 Concept − 비전 Vision' 구조의 보고서로, 각 앞글자를 따서 빅 비전 BIC Vision 이라 이름 붙였다. 빅 비전 구조는 주로 기획 목적에 적합하다.

배경(Background)

배경 단계에서는 사업의 내부적·외부적 상황을 다룬다. 이를 효율적으로 하려면 앞서 소개했던 'SWOT 분석' 방법을 활용할 수 있다.

이슈(Issue)

이슈 단계에서는 사업의 현 상황에서 직면하고 있는 또는 새롭게 부각되는 중요한 문제를 정의하고 다룬다. 앞에서 다룬 플로차트를 활용한 MECE 사고법을 통해 이슈를 정의할 수 있다.

콘셉트(Concept)

콘셉트는 마치 자동차의 엔진처럼 가장 중요한 부분이다.

먼저 콘셉트가 무엇인지부터 정의할 필요가 있다. 많은 사람이 콘셉트를 아이디어의 또 다른 이름으로 여기고, 아이디어와 혼용해서 사용한다. 물론 두 가지가 혼용될 수 있을 정도로 의미가 비슷한 건 맞다(일반적으로 둘을 동시에 사용해도 무방할 정도이다).

하지만 콘셉트는 아이디어 그 이상의 의미가 있다. 예를 들어 "서울에서 부산까지 여행하기"가 아이디어라면, "서울에서 부산까지 자전거를 타고 중간에 친구들 집을 방문한다면?"은 콘셉트가 될 수 있다. 또 다른 예로 "조선 시대 성균관 유생들의 우정과 사랑에 대한 이야기"가 아이디어라면, 드라마 〈성균관 스캔들〉의 "만약 조선 시대 몰락한 양반의 딸이 남동생 이름을 빌려 성균관 유생이 된다면?"은 콘셉트가 될 수 있다.

콘셉트는 아이디어를 넘어 그 자체로 흥미로운 스토리가 된다. 그리고 콘셉트는 계속해서 흥미로운 세부 콘셉트를 끌어낸다. "성균관에 들어간 남장한 유생이 잘 적응하여 조선 시대 F4 '잘금 4인방'으로 활약하게 된다면?" "만약 남장한 유생이 남자 주인공과 점차 깊은 우정을 넘어 사랑에 빠지게 된다면?" "만약 남장한 유생이 어떤 사건에 휘말려 여자라는 정체가 드러날 위기에 처한다면?" 등, 이렇게 콘셉트는 그 자체에서 끝나지 않고 계속해서 새로운 질문으로 이어지고, 연결되어 이에 대해 답을 끌어낸다.

앞의 예시에서 볼 수 있듯이 모든 콘셉트는 'What if 질문' 형태로 표현될 수 있다. 그러므로 자신이 파악한 '배경'과 '이슈'에 대한 흥미로운 '콘셉트'를 'What if 질문'으로 표현하면 좋다.

비전(Vision)

비전 단계에는 콘셉트가 실현될 경우에 그것이 가져오는 긍정적인 영향력, 파급력 등 그 전망을 기술한다.

설득력 있는 보고서를 만들기 위해서 특별히 중요한 것은 정량적이고 수치화된 데이터를 근거로 하여 메시지를 전달하는 것이다. 그러므로 구체적인 수치 데이터를 활용한 그래프 프레임,

빅 비전 구조 활용 사례

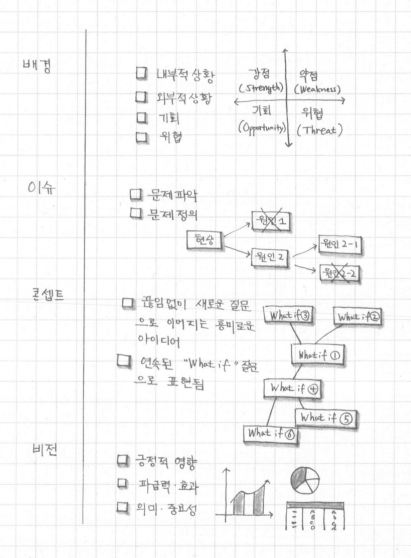

배경
- 내부적 상황
- 외부적 상황
- 기회
- 위협

강점 (Strength) 약점 (Weakness)
기회 (Opportunity) 위협 (Threat)

이슈
- 문제 파악
- 문제 정의

현상 → 원인 1
현상 → 원인 2 → 원인 2-1
          → 원인 2-2

콘셉트
- 끊임없이 새로운 질문으로 이어지는 흥미로운 아이디어
- 연속된 "What if" 질문으로 표현됨

What if ③ What if ②
What if ①
What if ④
What if ⑤
What if ⑥

비전
- 긍정적 영향
- 파급력·효과
- 의미·중요성

테이블 프레임 등을 활용하여 비전을 제시하면 좋다.

▌빅 포드(BIC POD) 구조

'배경Background － 이슈Issue － 콘셉트Concept'까지는 앞에서 설명한 방식과 같고, 이후 '과정Process － 결과Outcome － 토의Discussion'가 이어진 구조다. '빅 비전 구조'가 주로 기획을 목표로 하는 보고서에 적합하다면 '빅포드 구조'는 결과 보고를 목표로 하는 보고서에 적합하다.

과정(Process)

과정 단계에서는 콘셉트를 실현시키는 구체적인 방법과 그 과정을 디자인한다. 플로차트 프레임을 통해서 전체 과정의 흐름을 알기 쉽게 나타낸다.

결과(Outcome) 및 토의(Discussion)

결과 단계에서는 콘셉트를 실현시키는 과정에서 얻어진 데이터, 결과, 프로토타입을 기술한다. 그리고 마지막으로 자신이 얻은 결과에 대해 종합적으로 분석하고 결과가 나타내는 의미, 중요성에 관해서 적는다. 또한 그 결과가 가져올 미래 전망에 대해

빅 포드 구조 활용 사례

과정

☐ 콘셉트를 실현시킬
구체적 방법과 과정

☐ Flow Chart 를 통해
일의 전체 과정·흐름
파악하기

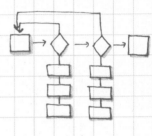

결과 및
토의

☐ 각 과정· 실험·시도
에서 얻어진 데이터,
결과, 프로토 타입 분석

☐ 결과에 대한 전망

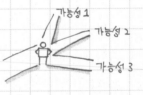

서도 서술한다.

> "당신이 아무리 좋은 아이디어들을 가지고 있어도 그것을 잘
> 꿰지 않으면 쓸모없다."
>
> _리 아이아코카, 전 크라이슬러 CEO

WRAP UP

- 비즈니스 노트 쓰기는 성공의 기초가 된다.

- 시간 관리 매트릭스를 활용하면 우선순위에 있는 일들을 파악할 수 있다.

- 종이 위에 최우선 목표를 적고, 할 수 있는 일을 써라. 삶에 목표가 있는 것과 없는 것은 천지 차이다.

- 마감일을 반드시 정해라. 성취도가 확실히 달라진다.

- 문제를 "어떻게 ~할 수 있는가"의 형태인 'How 질문'으로 표현하면, 그것은 앞으로 이뤄야 할 목표가 된다.

- 아이디어를 널리 퍼뜨리기 위해 인간이 발명한 가장 놀라운 도구는 바로 '스토리'다. 스토리의 힘은 보고서에도 동일하게 적용된다.

- 설득력 있는 보고서에는 정량적이고 수치화된 데이터가 담겨 있다.

- '빅 비전 구조'가 주로 기획을 목표로 하는 보고서에 적합하다면 '빅 포드 구조'는 결과 보고를 목적으로 하는 보고서에 적합하다.

스마트
노트지능

나의 모든 글쓰기를
내가 소유한 기기에 다 연결해놓았다.
덕분에 나는 언제 어디서나
작업이 가능하기 시작했다.

01 아날로그와 디지털의 만남
: 스마트 지식 경영

경영학의 대부 피터 드러커Peter Ferdinand Drucker, 1909~2005는 현대를 '지식 사회'라고 표현하며 지식은 토지, 노동, 자본과 같은 전통적 생산 요소보다 더 높은 효용 가치를 지니고 있다고 말했다.[1]

지식 사회에서 성공하려면 가치 있는 지식을 잘 습득해야 할 뿐만 아니라 그 지식을 효과적으로 경영해야 한다. 그런데 대부분의 사람은 지식을 습득하는 것에만 중점을 둔 나머지, 지식을 경영하는 것에는 관심을 쏟지 못하는 실수를 범한다. 그 이유는 지식 경영이 끊임없는 노력과 에너지가 필요한, 매우 귀찮은 일이기 때문이다.

스스로에게 질문을 던져보자. 그동안 스스로가 가장 공들여 써온 노트 세 권은 무엇인가? 그리고 그 노트 세 권은 어디에 있는가? 혹시 분실했거나 창고 구석에 보관되어 있지는 않은가? 그 노트가 어디에 있는지 알고는 있지만, 한 번도 다시 열람해본 적이 없지 않은가? 그 노트에 적혀 있는 내용을 얼마나 기억하고 있는가? 그리고 얼마나 활용했는가?

사실 내가 그랬다. 필자는 이러한 질문들에 자신 있게 대답할 수 없었다. 많은 찔림을 느끼고 반성을 했고 이를 극복하는 대책으로 아날로그와 디지털을 접목한 스마트 지식 경영을 구축하기 시작했다.

지금부터 다루게 될 내용은 내가 실제로 활용하고 있고, 효과 만점인 스마트 지식 경영법에 대한 이야기다.

▮ 엔트로피 증가 법칙과 지식 경영

자연에는 '엔트로피 증가 법칙'이 작용한다. 엔트로피entropy란 무질서도無秩序度, 즉 얼마나 질서가 없는 마구잡이인지의 정도를 뜻한다. 엔트로피 증가 법칙이 말하는 것은 이렇다.

"특별히 자신이 어떤 시스템 안에 에너지를 투입하지 않고는 그 시스템의 무질서도는 점차 증가한다."

예를 들어 검은 잉크 한 방울을 물통에 떨어뜨리면 어떻게 되는가? 점점 잉크가 물통 안 이곳저곳으로 어지럽게 확산하면서 결국 물통 전체가 혼탁해진다. 또 다른 예로, 집 청소와 설거지를 위해 하루라도 노력을 기울이지 않으면 어떻게 되는가? 집안 전체는 곧 어질러진 상태가 될 것이다.

엔트로피 증가 법칙을 반대로 해석하면 이렇다. 자신이 어떤 시스템을 질서 있는 상태로 유지하기 위해서는 계속해서 에너지를 투입해야 한다는 것이다.[2]

각자가 갖고 있는 지식이란 수많은 정보가 질서 있고 짜임새 있게 엮여 있는 시스템과 같다. 지식을 만들기 위해서 뇌 속의 수많은 뉴런 세포들은 많은 에너지를 사용해 서로 질서정연하게 연결된다.

엔트로피 증가 법칙에 따라 지식을 유지하기 위해서, 또 다른 표현으로 설명하자면 정보의 질서를 유지하기 위해서는 끊임없는 에너지와 노력을 투입해야 한다. 질서 유지를 위한 노력, 이것이 바로 지식 경영의 핵심이다.

지식 경영의 원투 펀치

지식 경영은 '질서 만들기'와 '질서 유지'라는 두 가지 핵심 요소들로 구성된다.

먼저 질서 만들기는 지식을 체계적으로 분류화함으로써 이루어진다. 만약 그동안 자신이 써놓은 노트의 분량이 방대해졌는데 그것들을 체계적으로 분류하지 않는다면 어떻게 되겠는가? 나중에 다시 보고 싶은 노트가 있어도 찾을 수 없게 된다. 또한 친구나 동료와 노트를 공유할 수도 없다. 게다가 시간이 오래 흐르면 자신이 무엇을 적었는지조차 잊어버릴 수도 있다. 이것은 정말 매우 안타까운 상황이다.

각자의 경쟁력 강화를 위해서 효율적으로 공부, 연구, 업무를 진행하기 위해서는 노트의 체계적 분류가 반드시 이루어져야 한다. 그런데 효과적인 분류를 위해서는 기준이 필요하다. 보통 큰 주제에서 작은 주제로 세분화하는 방식(대주제 - 소주제 형식의 2단 기준)으로 노트를 체계화한다.

지식 경영의 두 번째 요소인 '질서 유지'는 지식에 대한 반복적인 접근을 통해서 이루어진다. 노트가 아무리 짜임새 있게 분류가 되었다 해도 자신이 그 노트에 더 이상 접근하지 않는다면, 노트를 잃어버린 것과 마찬가지다. 인간의 기억 능력은 무한하지 않기 때문이다.

지식 경영의 목표는 단순히 지식을 차곡차곡 쌓는 것에 있지 않고, 축적한 지식을 기반으로 더욱더 창의적이고 가치 있는 지식을 엮어내고 새롭게 창조해내기 위함이다. 그런데 이러한 지

지식 경영의 핵심 요소

【질서 만들기: 대주제 - 소주제 분류 체계】

대주제	소주제	대주제	소주제
수학	Set Theory Linear Algebra Calculus	영어공부	Reading Speaking Writing
물리	양자역학 고전역학 고체역학	연 프로젝트	1분기 2분기 3분기 4분기
화학	일반화학 반응론	협력사	A B C

【질서 유지: 지식에 대한 반복적 접근】

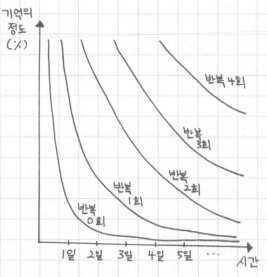

에빙하우스 망각 곡선

식 경영의 목표를 달성하기 위해서는 자신이 축적한 지식을 이해하고, 잊어버리지 않고 외우고 있으면서, 전체를 꿰뚫고 있어야 한다. 그러기 위해서는 자신이 작성해놓은 노트에 반복적으로 접근해야 한다.

지식에 대한 반복적인 접근이 기억에 어떠한 영향을 끼치는지를 과학적으로 연구한 최초의 인물이 바로 헤르만 에빙하우스Hermann Ebbinghaus, 1850~1909이다. 그 유명한 에빙하우스의 망각곡선은 시간이 지남에 따라 기억이 얼마나 남아 있는가를 나타내준다. 기울기가 가파를수록 더 짧은 시간에 기억을 잃어버리는 것을 의미하고, 기울기가 완만할수록 더 오랜 시간 기억을 유지함을 의미한다. 망각곡선이 가파르다 완만해진다는 것은 단기 기억에서 장기 기억으로 옮겨졌음을 뜻한다.

재미있는 것은 앞의 그림에서 볼 수 있듯이 지식에 접근하는 횟수가 많아질수록 망각곡선이 완만해진다는 사실이다. 즉 지식 경영의 두 번째 요소 '질서 유지'가 이루어지는 것이다.

▌아날로그와 디지털의 콜라보레이션

대부분의 사람은 아날로그적인 노트 쓰기만을 활용해서는 지식 경영하기가 어렵다고 말한다. 노트의 양이 많아지면 체계적으로 분류하기 어렵다는 점, 체계적으로 분류해도 원하는 지식을 곧바로 찾아내기 힘들고 시간이 오래 걸린다는 점, 방대한 양의 노트를 언제나 곁에 휴대하고 다닐 수 없다는 점 등 수많은 이유가 있다.

심지어 누구든 공들여 노트를 만들어봐야 어차피 보지 않게 된다고 말하면서 노트 쓰기의 무용론을 주장하기도 한다. 이러한 이유는 아날로그적 지식 경영이 그만큼 어렵고 좌절을 느끼게 만들기 때문이다.

하지만 걱정하지 마라. 아날로그적인 노트 쓰기가 4차 산업혁명 시대의 디지털 기술을 만나면 정말로 강력하고 효과적으로 지식 경영을 수행할 수 있게 된다.

오늘날 우리는 대부분의 문서, 이미지, 미디어 파일이 클라우드 시스템을 통해 저장되고 공유되는 시대 속에 살고 있다. 애플, 마이크로소프트, 구글 등 대부분의 IT 기업들은 클라우드 기반으로 운영되는 제품들을 시장에 내놓았다. 따라서 문서 파일이 클라우드 시스템에 저장되기만 한다면 스마트폰, 컴퓨터, 스마트패드 등의 전자 기기를 통해 언제든지 어디서나 원할 때 파일을 열람할 수 있다.

그러므로 지금부터 해야 할 것은 그림과 같이 아날로그적인 문서를 디지털 파일로 변환하고, 이 디지털 파일을 클라우드 시

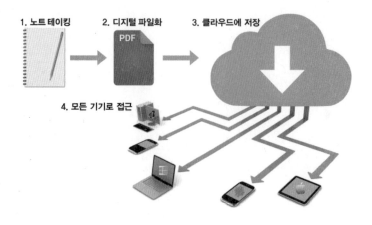

스템에 저장하는 것이다. 아날로그와 디지털 기술의 만남 덕분에 우리는 수많은 노트를 매우 체계적으로 분류할 수 있고, 분류된 노트들에 언제 어디서나 전자 기기를 통해 접근함으로써 매우 효과적으로 지식 경영을 할 수 있다.

여박총피법(如剝蔥皮法): 파 껍질을 벗겨내듯 문제를 드러내라.
촉류방통법(觸類旁通法): 묶어서 생각하고 미루어 확장하라.
축기견초법(築基堅礎法): 기초를 확립하고 바탕을 다져라.
당구첩경법(當求捷徑法): 길을 두고 뫼로 가랴, 지름길을 찾아가라.
초서권형법(抄書權衡法): 읽은 것을 메모하여 가늠하고 따져보라.
선정문목법(先定門目法): 목차를 먼저 세워 체제를 결정하라.

_다산 정약용

02

매우 강력한
디지털 지식 경영 도구들

스마트 지식 경영에 필요한 것은 먼저 작업해놓은 노트를 디지털 파일로 변환하는 것이다. 오늘날 스마트 지식 경영이 주목받으면서 디지털 파일화 기술을 개발하는 기업들이 많아졌다. 시중에는 스마트 펜Smart pen, 스마트 노트Smart note 등 아날로그적인 노트를 디지딜화시키는 제품늘이 다양하게 출시되었다.

그렇다면 어떤 도구를 활용해야 효과적으로 디지털 파일을 만들 수 있을까?

이 질문에 답하기에 앞서 효과적이고 강력한 디지털 파일화 도구란 어떤 조건을 충족해야 하는지 생각해보자.

강력한 디지털 파일화 도구의 조건					
조건 I 경제성	무엇보다 가격이 저렴해야 한다	상	중	하	
		3점	2점	1점	
조건 II 휴대성	모든 장소에 휴대 가능해야 한다	상	중	하	
		3점	2점	1점	
조건 III 편리성	쉽게 이용할 수 있어야 한다	상	중	하	
		3점	2점	1점	
조건 IV 가능성	만족할 만한 디지털 파일을 제공해야 한다	상	중	하	
		3점	2점	1점	

※상 3점, 중 2점, 하 1점으로 점수를 매겨보자.

그럼 지금부터 네 가지 디지털 파일화 도구들(스캐너, 스마트 펜, 스마트 노트, 스마트폰 스캐너 앱)을 하나하나 위의 조건에 비추어 비교해보자.

▮ 스캐너

경제성 조건을 따져볼 때 가격이 비싸다(10~20만 원). 그리고 몸집이 크기 때문에 어디에나 들고 다닐 수 없어서 휴대성이 떨어진다. 하지만 스캐너 전용 애플리케이션을 활용하여 매우 쉽고 빠르게 문서를 스캔할 수 있다는 점에서 편리성이 우수하다. 컬러, 흑백에 상관없이 고해상도 스캔 파일을 제공하는 등 다양한 기능성을 갖췄다.

[경제성 하, 휴대성 하, 편리성 상, 기능성 상, 총점 8점]

▌ 스마트 펜

경제성을 볼 때, 스캐너보다 떨어질 수 있다. 그 이유는 스마트 펜(15만~25만 원)과 회사별로 고유한 스마트 펜 전용 노트(권당 5천~1만 원)를 구매해야 하기 때문이다. 스캐너와 비교해볼 때 휴대성은 뛰어나지만, 스마트 펜과 전용 노트를 늘 동시에 들고 다녀야 하는 불편함이 있다. 스마트 펜으로 글을 쓸 때마다 스마트폰 또는 컴퓨터에 자동으로 기록되기 때문에 편리성은 매우 우수하다. 기능 면에서는 회사마다 활용이 편하고 뛰어난 편집 및 공유 기술을 탑재한 애플리케이션을 무료로 제공하기 때문에 매우 우수하다.

[경제성 하, 휴대성 중, 편리성 상, 기능성 상, 총점 9점]

▌ 스마트 노트

권당 5천~1만 원 정도의 노트를 구매하거나 3만~5만 원 정도의 지울 수 있는 특수 표면 노트를 구입할 수 있어서 경제성이 우

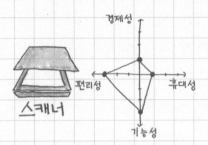

스캐너

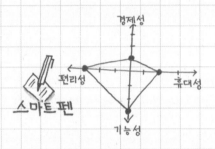

스마트펜

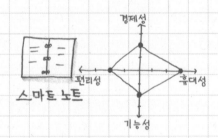

스마트 노트

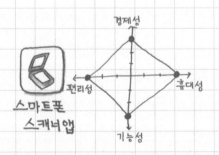

스마트폰
스캐너앱

수하다. 일반 노트와 마찬가지로 가지고 다닐 수 있기 때문에 휴대성 역시 뛰어나다.

하지만 스마트 펜과 달리 스마트 노트에 쓴 글을 일일이 사진을 찍고 전용 어플리케이션이나 회사가 제공하는 인터넷 클라우드 서비스에 업로드하여 디지털 파일로 변환해야 하는 불편함이 있다. 다행히 각 회사마다 우수한 편집 및 공유 기술을 탑재한 애플리케이션을 무료로 제공하기 때문에 기능성 면에서는 우수하다.

[경제성 상, 휴대성 상, 편리성 중, 기능성 상, 총점 11점]

▌스마트폰 스캐너 앱

가격 면에서 가장 저렴하다(2천~5천 원). 요즘 시대엔 대부분의 사람이 스마트폰을 가지고 있고, 어디든지 이동이 가능하고 작기 때문에 휴대성 또한 가장 뛰어나다. 어떤 문서/노트 앱의 경우엔 이것을 활용해 사진을 찍으면 자동으로 pdf 파일이 생성되고 앱 클라우드 공간에도 동시에 파일 형태로 보관된다. 이것으로 매우 쉽고 빠르게 문서를 관리할 수 있어 편리성 역시 상당히 우수하다.

그리고 스마트폰의 카메라 성능이 발달함에 따라서 문서 스캔

해상도가 매우 높고, 사진을 찍으면 동시에 자동으로 화이트 밸런스 보정, 노출 보정, 그림자 제거, 글자 – 텍스트 변환 등이 이뤄질 정도로 기술이 진보하여 기능성까지 매우 뛰어나다고 할 수 있다.

[경제성 상, 휴대성 상, 편리성 상, 기능성 상, 총점 12점]

비교 분석 결과 가장 높은 점수를 받은 것은 스마트폰 스캐너 앱이다. 따라서 필자는 본 책에서 스마트폰 스캐너 앱을 활용하여 스마트 지식 경영의 방법을 공유하려고 한다.

참고로 필자가 사용하는 스캐너 앱은 'Scanner Pro'(4천 원)이다.

03 스캐너 앱과 클라우드 서비스를 통한 효과적 지식 경영

이번 장에서는 스캐너 앱을 활용해 어떻게 지식 경영을 하는지 그 실례를 보면서 공부해보자. 앱 스토어에 들어가면 수많은 종류의 스캐너 앱이 존재한다. 그 스캐너 앱들은 대부분 기능이 거의 비슷하다. 따라서 필자가 사용하는 스캐너 앱 '스캐너 프로'와 다른 것을 사용하더라도 전혀 문제될 게 없다.

▌노트 작성하기

지금까지 책에서 배운 노트 쓰기 방법을 토대로 스캔할 노트를 작성한다. 예를 들기 위해 나는 스마트 지식 경영에 대한 노트를 그림과 같이 작성했다.

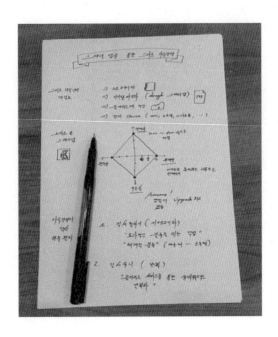

▌대주제-소주제 카테고리 만들기

자신이 스캔할 노트를 분류할 카테고리(대주제 – 소주제)를 만든다. 예를 들어 나는 '책 쓰기'라는 이름의 폴더를 만들어 대주제를 정했고, 그 안에 'Think on Paper'라는 이름의 소주제를 정해 스캔 파일을 저장했다.

 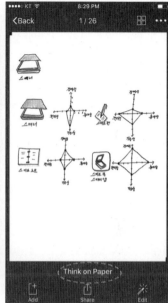

▌문서 스캔하기

이제 Add 버튼을 누르고 노트를 사진 찍으면 된다. 대부분의 앱 스캐너는 문서 자동 인식 기능이 있어서 카메라 촬영 버튼을 누르지 않아도 자동으로 찍어서 고화질의 스캔 PDF 파일로 변환해준다.

만약 실수로 비스듬한 각도로 문서를 스캔하더라도 자동 보정 기능이 있어서 수직 방향으로 찍은 것같이 스캔되어 저장된다. 또한 그림자나 주위 환경 색깔이 자동으로 보정되어 하얀 배경 색을 가진 스캔 파일로 저장된다.

　스캐너 앱을 통해 스캔한 파일은 일반 스캐너로 스캔한 파일과 견줄 정도의 만족할 만한 퀄리티를 가지고 있다. 실제로 필자는 이 책에 사용한 이미지 파일의 50퍼센트를 스캐너 앱을 통해 만들었다.

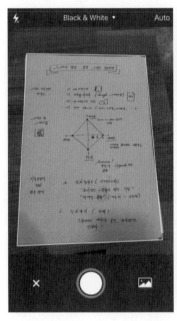
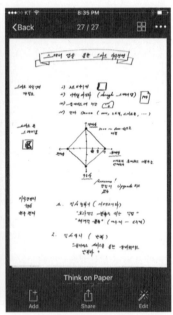

▌클라우드를 통한 지식 경영

문서를 스캔하면 자신이 등록한 클라우드 서비스(Dropbox, Google Drive, One Note, 에버노트, iCloud)에 자동으로 문서가 저장된다. 이런 시스템을 활용하기 위해서 먼저 해야 할 한 가지 일은 앱 스캐너의 '설정'에 들어가 자신이 가입된 클라우드 서비스 아이디를 입력하는 것이다.

필자는 맥북 사용자라 iCloud 서비스를 이용한다. 앱 스캐너를 통해 만든 문서가 다음과 같이 클라우드 폴더에 자동으로 업데이트되는 것을 확인할 수 있다.

이렇게 해두면 클라우드 서비스를 통해서 데스크톱 컴퓨터, 노트북, 태블릿 PC, 스마트폰 등을 이용해 언제 어디서든 자신의 문서에 접속할 수 있다.

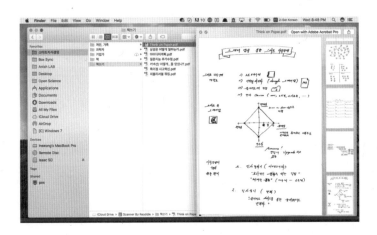

또한 문서를 계속해서 수정할 수도 있고, 필요한 경우엔 자료를 추가하면서 업데이트할 수도 있다.

> "지식경영의 역량은 눈에 보이지 않는 무형 자산이다. 따라서 지식경영은 경쟁자들이 쉽게 모방하기 어렵고 당신이 지속적으로 경쟁 우위에 있게 하는 발판을 제공한다."
>
> _노나카 이쿠지로(野中郁次郎), 경영학자

04 원노트 클라우드 서비스를 통한 디지털 지식 경영

어떤 사람은 앱을 구매하는 것도 싫어할 수 있다. 그런 경우를 위해 이번 장에서는 마이크로소프트 원노트를 통해 지식 경영하는 법을 소개하겠다.

바로 앞장에서 설명했던 대로, 필자는 종이 위에 쓴 노트를 지식 경영하기 위해 스캐너 앱을 사용해 클라우드에 저장했다. 이와 달리 원노트를 사용하는 목적은 터치패드 또는 갤럭시 노트 등을 통해 작성된 디지털 노트를 효과적으로 지식 경영하기 위함이다.

나는 오래전부터 원노트를 알아왔지만, 적극적으로 활용하기 시작한 지는 1년 정도 되었다. 과거에도 글을 쓸 때나 컴퓨터 문서 작업을 할 때 원노트를 사용할 수 있었지만, 마이크로소프트 워드나 파워포인트가 훨씬 편하고 기능이 많기 때문에 원노트를 활용할 필요가 거의 없었다. 하지만 최근 1년간 나는 원노트를 활발하게 사용하게 되었다. 노트 기능이 탑재된 '갤럭시 노트 8' 단말기를 구매했기 때문이다.

나는 오랫동안 사용해온 아이폰 6과 갤럭시 노트 8을 같이 쓴다. 그동안 아이폰을 써왔기 때문에 전반적으로 아이폰이 내게 더 편하지만, 디지털 노트 활용에서는 갤럭시 노트가 더 유용하다고 생각한다.

순간적으로 번쩍이는 아이디어나 영감이 떠오를 때, 예기치 않은 상황에서 동료와 디스커션할 때, 거리를 지나가다 재미있는 이야기 소재를 발견했을 때와 같이 일상 속에서 노트할 상황들은 수시로 발생한다. 하지만 펜과 노트를 항상 들고 다닐 수 없기에 아이디어를 바로 적는 데 불편함을 느낄 때가 있다. 이럴 때 '갤럭시 노트'처럼 노트 기능이 있는 스마트폰이 있다면 바로바로 스마트폰을 꺼내어 적을 수 있다.

만약 아이폰 유저라면 아이폰 전용 펜이 있으니 걱정하지 않아도 된다.

언제 어디서나 원노트로 작성된 디지털 노트는 자동으로 원노트 클라우드에 저장된다. 그리고 자신이 작성한 노트를 원노트가 설치된 그 어떠한 전자 기기를 통해서도 볼 수 있고, 또한 원하는 때에 바로바로 수정할 수 있다. 신기한 점은 노트에 조금이라도 수정을 하면 자동으로 모든 기기의 원노트에서도 연동된다는 것이다. 더 신기한 것은 이 모두를 가능케 하는 원노트가 공짜라는 사실이다.

이메일 계정으로 원노트에 로그인하면 옆의 그림과 같은 메인 화면이 뜬다. 가장 먼저 볼 수 있는 것은 '전자 필기장'이다. 이것은 탭Tab이 붙어 있는 노트라고 생각하면 된다. 왼쪽 하단의 '+ 전자 필기장' 버튼을 누르면 필기장이 추가되어 원하는 만큼 여러 개의 전자 필기장을 만들 수 있다.

다음 페이지의 그림들을 보자. 가장 왼편의 그림에서 보이는 '아이작유 퍼블리쉬' 전자 필기장은 필자가 작업 중인 책들과 관련한 내용을 적기 위해 만든 노트이다. 클릭하면 여러 개의 구역을 보게 된다. 이처럼 필요한 만큼 무수히 많은 구역을 만들어낼 수 있다.

PART 4 스마트 노트지능

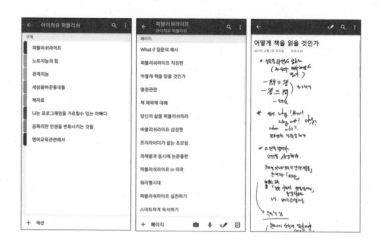

가운데 그림에서 가장 맨 위의 '퍼블리쉬 라이프'는 2019년 도에 출판할 목적으로 현재 쓰고 있는 책 제목이다. '퍼블리쉬 라 이프' 구역 아래에 또 여러 개의 페이지가 있다.

바로 이 페이지 안에 아이디어를 적는 것이다. 그림에서 보이 는 페이지 대부분은 필자가 카페에서 커피를 마시다가, 또는 걸 어 다니는 중에 갑자기 생각나서 적은 것들이다. '어떻게 책을 읽 을 것인가'라는 페이지를 클릭해보면 오른편 그림과 같은 화면 이 뜬다.

페이지의 윗부분에는 제목과 기록된 날짜와 시간이 표시된다. 그 아래로 노트를 작성해나가면 된다.

필자의 경우에, 스마트폰을 통해서 작성된 원노트 페이지는 추가적인 수정, 교정 및 코멘트가 필요하다. 왜냐하면 앞서 언급

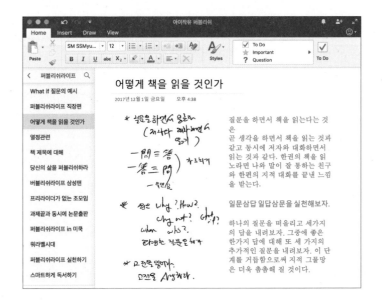

했다시피 카페나 거리에서 순간적인 아이디어가 떠오를 때마다 바로 스마트폰을 꺼내 생각나는 대로 작성하기 때문이다. 그래서 나는 보통 스마트폰에서 작성된 원노트 페이지를 노트북의 원노트로 검토하고 코멘트를 남긴다.

이렇게 노트북을 통해서 추가 수정된 원노트 페이지는 자동으로 연동되어 내가 사용하는 모든 전자 기기에서 확인해볼 수 있다. 또한 원노트의 최대 강점 중 하나는 마이크로소프트 오피스가 설치된 모든 컴퓨터/노트북에 원노트가 설치되어 있다는 것이다.

따라서 우리나라 거의 모든 컴퓨터/노트북에서 원노트를 통해 자신의 노트를 확인하고 수정할 수 있다.

이 모든 것이 공짜라니! 정말 굉장하지 않은가?

"클라우드 서비스는 모든 사람을 위해 무한한 크기로 존재한다. 클라우드 서비스는 디지털 민주주의다."

_마크 베니오프(Marc Benioff), 기업가

05 원노트를 사용해 걸어 다니며 노트 쓰기

"시간은 공평하다!"

모두들 이 말을 한 번쯤은 들어보았을 것이다. 신이 모든 사람에게 시간을 공평하게 주었으니 주어진 시간을 잘 활용하라는 의미이다. 고등학교 시절에 나 또한 정말로 많이 들었던 말이다. 하지만 대학 – 대학원 – 박사후과정 – 직장으로 이어지는 바쁜 커리어를 쌓아가면서 그제서야 '시간은 공평하다'에 대한 팩트를 깨닫게 되었다.

"시간은 결코 공평하지 않다!"

나를 포함한 일반적인 직장인들의 삶, 내가 경험했던 미국에서의 외국인 근로자들의 삶, 취업을 위해서 온갖 스펙을 쌓아야만 하는 대학생들의 삶에는 언제나 예상보다 많은 업무가 생기고 이로 인한 스트레스가 상당하다. 많은 사람이 바쁜 하루를 마치고 나면 왜 내 하루가 이렇게 빨리 지나가는지, 공평하지 않은 시간의 속도를 보며 놀라게 된다.

시간은 공평하기 때문에 시간을 효율적으로 써야 하는 것이 아니다. 나는 결코 공평하지 않기 때문에 효율적으로 써야 한다고 생각한다. 더 나아가 빌 게이츠가 "인생은 결코 공평하지 않다"고 말했듯, 공평하게 주어지지 않은 인생과 기회 때문에 우리는 주어진 시간과 에너지 그리고 자원을 효율적으로 배분해서 써야 한다.

나는 직장인 삼성전자에서 중요한 과제를 수행하고, 집에서는 사랑하는 딸아이의 육아를 하며, 때때로 기업 강연에 초청되어 프리젠테이션을 한다. 그럼에도 국내 그리고 미국 아마존에서 판매되는 여러 권의 책을 집필할 수 있었던 것은 시간이 많아서가 아니라 시간이 매우 부족함을 깨닫고 효과적으로 사용했기 때문이다.

노트 쓰기에 있어서도 마찬가지다.

공평하지 않은 시간을 효과적으로 사용하며 노트 쓰기를 할 필요가 있다. 나는 오랫동안 노트를 쓰면서 상상하던 아이디어가 있다. '만약 내가 생각한 대로 누가 그 생각을 바로바로 기록해 저장해준다면 어떨까?' 안타깝게도 이 소망은 현재의 IT 기술로 달성하기에는 한계가 있다. 몇 년이 아니라 몇 십 년은 더 기다려야 할 듯하다.

하지만 최근 음성 인식 기술의 엄청난 발달로 인해 사람의 말을 정확하게 텍스트로 변환시켜주는 기술이 대중화되었다. 놀라운 사실은 이 기술이 스마트폰에 이미 무료로 탑재되어 있다는 것이다. 음성-텍스트 변환 기술을 활용하면 언제 어디서나 말로 노트를 쓸 수 있고 이를 통해 자신의 소중한 시간과 에너지를 아낄 수 있다.

이번 장에서 소개할 것은 음성-텍스트 변환 기술을 통해 마이크로소프트 원노트를 효과적으로 사용하는 방법이다. 이 방법으로 집으로 가는 길에 또는 카페에서 커피 한 잔 할 때 문득 떠오르는 생각을 순식간에 노트에 옮겨 적을 수 있다. 머릿속에 아이디어가 많지만 글로 적을 시간이 없는 사람들에게 이 방법은 매우 유용할 것이다.

예를 들어, 2018년 5월 필자는 한 글로벌 제약회사에서 '질문과 창의성'에 대한 기업 강연을 제안받았다. 인상적인 프리젠테이션을 하고자 여러 가지 에피소드를 찾았다. 회사에서 퇴근 후집으로 돌아가는 길에도 프리젠테이션의 시작을 여는 좋은 이야

질문에 인색한 사회

2018년 5월 15일 화요일　　오후 5:56

1. 2009년 대한민국에는 대한민국 서울에서는 G20 세계 정상회담이 열렸다 수많은 정상들이 참여했고 개최국 역할을 간다고 했던 우리나라는 정말로 좋은 역할을 수행했다 폐막식 날 위해 감사한 미국의 버락 오바마 대통령은 대한민국의게 개최국 역할 잘 감사했다고 감사를 표현했고 했고 특별히 대한민국 기자 분들에게만 질문을 할 수 있는 기회를 주었다 그런데 아무도 질문을 오바마 대통령에게 건 내지 않았다 이 AS 이상함을 느끼는 오바마 대통령은 다시 한 번 물었다 여기 대한민국 기자분들 질문 없나요 그러자 다시 한번 적막이 흘렀다 그리고이 기회를 중국인 기자가

2. 우리나라 사회는 질문에 참으로 인색하다 질문을 하면 권위에 대해서 도전 하는 것을 여기고 질문을 하면 어떤 흐름을 끊고 방해하는 것으로 생각을 하기 쉽다 하지만 이것은 단순히 개인뿐만 아니라 사회조직 전반에 걸쳐서 큰 손해를 끼친다고 생각한다 왜냐하면 질문하지 못 하게 하는 것은 곧 생각을 하지 못하게 하는 것과 같기 때문이다

기를 생각하곤 했다.

그리고 뭔가 떠오르면 원노트 앱을 열고 말하기 시작했다. 원노트 앱 페이지에서 마이크 모양의 아이콘을 누르고 말하면 된다. 앱이 자동으로 말을 텍스트로 변환하고, 말을 그만하면 앱도 작업을 멈춘다.

나는 질문에 인색한 대한민국 사회에 대한 이야기로 시작해 이것이 개인과 조직의 창의성에 큰 손해를 끼친다는 논지로 강연 주제를 풀어나갔다. 집에 돌아가 스마트폰을 꺼내 제대로 녹음됐는지 확인했더니 원노트는 거의 80%가 넘는 정확성으로 내가 말한 것을 받아 적었다.

바로 스마트폰 펜을 꺼내 말한 것들을 교정했다. 물론 교정 및 수정 작업은 스마트폰이 아닌 컴퓨터/노트북 원노트 프로그램을 통해서도 할 수 있다. 자신의 편리에 맞추어 자유롭게 활용하면 된다.

이렇게 원노트 음성-텍스트 변환을 통해서 디지털 노트 쓰기는 한 레벨 업그레이드된다. 이를 통해 매순간 머릿속에 떠오르는 아이디어를 놓치지 않고 포착해낼 수 있다. 카페에서 커피를 마실 때든, 산책할 때든, 등산할 때든, 출퇴근할 때든 그 어떤 상황에서도 머릿속의 값진 아이디어를 훌륭하게 노트에 담아낼 수 있다.

남들과 공평하게 주어진 소중한 시간과 에너지를 보다 효과적
으로 사용해보자.

"인생은 공평하지 않으니 그것에 익숙해져야 한다."

_빌 게이츠

WRAP UP

- 아날로그적인 노트 쓰기와 디지털 기술이 만날 때 스마트 노트 쓰기가 완성된다.

- 스마트 지식 경영을 위해 필요한 것은 작업해놓은 노트를 디지털 파일로 변환하는 것이다.

- 스캐너, 스마트 펜, 스마트 노트, 스마트폰 스캐너 앱…… 나에게 적합한 디지털 파일화 기술을 익혀라.

- 저렴하고 편리하며 휴대성이 높고 기능성을 갖춘 무료 애플리케이션을 활용하라.

- 클라우드에 저장하면 언제 어디서든 자신의 문서에 접속할 수 있다.

- 스마트폰을 통해 작성한 원노트 페이지는 추가적인 수정이 가능하고 교정, 코멘트도 남길 수 있다.

- 시간은 결코 공평하지 않다. 부족한 시간을 효과적으로 사용하려면 스마트한 노트 쓰기 기술이 반드시 필요하다.

- 음성만으로도 노트 필기가 되는 시대가 열렸다.

삼성맨,
노트의 달인이 되다!

나는 책을 쓰는 과정에서 에필로그를 항상 맨 마지막에 쓰고자 한다. 그 이유는 세 가지다.

첫째, 에필로그가 책의 마지막 챕터이기 때문이다. 둘째, 그동안 책을 쓰는 과정에서 생긴 소중한 추억들을 빠짐없이 기억해 내어 기념하고 싶기 때문이다. 셋째, 책이 출판되어 나오기까지 도움을 준 모든 사람에게 감사함을 표현하고 싶기 때문이다.

먼저 아쉬운 점 한 가지는 필자가 일하는 곳, 삼성전자 DS는 국가 핵심 기술 사업소이기 때문에 보안 문제로 회사에서 작성한 수많은 노트의 일부를 일절 이 책에 공개할 수 없다는 것이다. 잠자는 시간을 빼고 가장 많은 시간을 회사에서 보내기에, 회사에서 가장 많은 노트를 작성한다. 따라서 회사에서 작성한 노트를 이 책의 사례로 들 수 있었더라면 더 좋았을 텐데 하는 아쉬움이 생기는 것이다. 노트 내용은 공개할 수 없지만, 회사에서 어떤 방식으로 노트를 쓰고 지식 경영을 하는지 소개하고 싶어 그 부분을 고민했다. 필자가 삼성전자 DS에 입사하여 적응할 때, 한 선배가 정말 큰 도움이 되는 말을 해주었다.

"회사에서 너만이 할 수 있는 콘텐츠를 만들고, 그것을 사람들과 공유해라."

현역 작가로서 선배의 말이 무엇을 의미하는지 곧바로 알아차렸다. 삼성 DS의 조직 문화에서 성공 가도를 달리는 사람들을 보면 그들은 하나같이 자기만의 확실한 콘텐츠를 가지고 있고, 그것의 중요성을 사람들에게 설득하고 주장할 능력이 있다.

사실 이것은 작가들에게도 정말로 필요하고 중요한 자질이자 능력이다. 작가들은 매일 매 순간 많은 독자에게 사랑을 받을 수 있는 콘셉트를 발견하거나 만들어내려고 노력한다. 그리고 그 콘셉트를 글을 통해서 출판사와 독자들을 설득하고 어필하는 과정이 바로 출간이다.

필자는 선배의 말을 곧바로 실천했다. 나에게 맡겨진 모든 일, 나의 이름으로 수행하는 모든 일을 그것이 크든 작든, 탄탄한 콘텐츠로 재구성하여 사람들과 공유하고자 하였다.

이를 위해 많은 사람과 대화해야 했고 기존의 자료들을 꼼꼼하게 분석하며 최신 동향을 파악해야 했다. 이 과정에서 정말로 많은 노트를 썼다. 중요하다고 생각하는 것들, 정보들을 모두 노트로 우선 남겼다.

회사에서는 코넬 노트법 프레임과 포스트잇 프레임을 많이 활용한다. 포스트잇 프레임은 순간적으로 튀어나오는 생각을 캐치하는 데 큰 도움이 되고, 생각과 생각을 서로 연관되게 이어붙이면서 발전시키는 데 큰 도움을 준다. 그래서 실제로 포스트잇을 정말 많이 사용한다. 3일에서 4일 정도면 포스트잇 한 통을 다 쓸 정도다. 포스트잇을 회사 내 어디에나 손이 닿는 곳에 두거나, 주머니 속에 펜과 함께 휴대하고 다닌다.

앞서 거듭 강조했지만 노트를 많이 쓰는 것보다 반복해서 노트를 보는 것과 쌓아놓은 지식을 효율적으로 관리하는 것이 더 중요하다. 이를 위해서 필자가 회사에서 정한 하나의 원칙은 다음과 같다.

퇴근하기 전, 그날에 기록한 모든 노트를 디지털 문서로 재작성하고 사내 보안 클라우드 시스템에 저장해놓는 것! 이 원칙을 지킴으로써 언제든 필요할 때면 회사 내 어디에서나 자료를 열어 활용할 수 있었고, 새로운 아이디어나 정보가 생길 때마다 기록해놓았던 디지털 문서를 업데이트하여 지식을 체계적으로 경영할 수 있었다.

또한 노트를 많이 쓸수록 정보의 개념을 체계적으로 구성하고 사람들에게 짜임새 있게 보여줄 수 있는 능력이 점점 향상되었다. 한 예로 회사의 내 자리에는 개인적으로 사용하는 화이트보드 판이 있다. 사람들에게 개념을 설명할 때 화이트보드 위에서 스케치 노트법을 활용해 설명하면 개념과 개념과의 관계를 스케치를 통해 직접 눈에 보이게 명쾌하게 설명하게 되니 상대를 이해시키기가 훨씬 수월하고 일의 속도도 더불어 빨라진다.

회사에서 노트의 힘을 가장 많이 체험할 때는 보고서를 쓸 때다. 작가 생활을 하면서 오랜 시간 글쓰기에 단련되어 그런지, 보고서를 쓸 때 단어 하나하나, 표현 하나하나, 내용 하나하나에 신경을 쓴다. 내 이름으로 보고서가 제출되기 때문에 더욱 그럴 수밖에 없지만, 그런데도 보고서 쓰기가 어렵다거나 큰 부담이 느껴지지는 않는다. 여러 방면에서 작성된 수많은 양의 노트를 기반으로 어느새 보고서를 효율적으로 쓰는 능력이 자연스레 몸에 익었기 때문이다. 필자는 회사에서 작성한 모든 노트는 디지털 문서 파일로 재작성하고 클라우드에 저장하는 나만의 원칙을 지키기 때문에 보고서를 쓸 때 노트 자료는 소중한 참고 자료로 바로바로 활용이 가능해진다.

보고서뿐만 아니라 논문도 작성한 노트를 바탕으로 쓰곤 하는

데, 노트의 분량이 차곡차곡 쌓이다 보면 여러 개념이 하나의 주제로 연결되고, 엮어지는 경험을 하게 된다. 따라서 하나의 주제로 연결되는 가치 있는 노트들을 활용해 영어로 리뷰 논문을 쓴다. 이를 통해서 더욱 성장할 수 있고, 동시에 부서 사람들의 지적 수준을 끌어올릴 수 있다.

이 책이 나오기까지 도움을 주신 많은 분께 감사함을 표현하고 싶다. 먼저, 곁에서 가장 많은 인사이트를 준 사랑하는 아내에게 고마움을 느낀다. 미국에서 포닥 생활을 하는 동안 아내는 작은 문구 사업을 했다. 수많은 수제 노트를 만들어 시장에서 팔았는데, 그 덕분에 아내가 만든 여러 가지 다른 스타일의 노트를 공짜로 사용할 수 있었다. 물론 아내 몰래 그중 마음에 드는 멋진 노트를 몇 개 책가방에 슬쩍 넣어 와서 사용했던 적도 있는데, 걸려 혼나기도 했었다. 지금 생각하면 모두 유쾌하고 행복하게 기억되는 추억들이다. 아내는 세계의 다양한 노트 양식들을 알려주었고 책의 내용을 검토해주기도 하였다.

다음으로 카카오 브런치의 구독자들에게 감사함을 표현한다. 이 책의 모태가 된 〈노트지능〉이란 제목의 브런치 월요 매거진을 5개월간 연재하면서 수많은 구독자의 응원과 관심을 얻었다. 때때로 큰 도움이 되는 피드백과 코멘트를 주신 구독자들도 많았는데, 이들의 도움으로 지치지 않고 즐거운 마음으로 좋은 글을 쓸 수 있었다.

마지막으로 원고를 훌륭한 책으로 승화시켜주신 비전 B&P 출판사 편집팀, 많은 격려와 응원을 보내주신 삼성 DS Defect 제어그룹 동료들, 나의 첫 번째 책《질문지능》이후 지속적으로 큰 관심을 보여주시는 독자님들, 사랑하는 가족들과 친구들에게 감사함을 전한다.

아이작 유

참고 문헌과 사이트

프롤로그 4차 산업혁명의 시대, '노트지능'을 갖춰라!

1) Drake Baer, "Why Bill Gates Bought Da Vinci's Notebooks", FAST COMPANY, May 14, 2013. https://www.fastcompany.com/3009718/why-bill-gates-bought-da-vincis-notebooks

2) https://commons.wikimedia.org/wiki/Leonardo_da_Vinci#/media/File:Vinci_-_Hammer_2A_m.jpg

3) Bill Hoffmann, "Bill Gates Buys Davinci Book for $30 Million", NEWSMAX, April 30, 2017. http://www.newsmax.com/US/bill-gates-davinci-buy/2013/05/09/id/503720/

4) 최지은, 《아이디어와 생각 정리를 위한 다빈치 노트》, 한스미디어, 2016

5) Connelly, John. How ToTake Great Notes Quickly And Easily: A Very Easy Guide. 2013. Kindle Locations 70-72

6) Angela Duckworth. Grit: The Power of Passion and Perseverance, Scribner, 2016

7) https://commons.wikimedia.org/w/index.php?title=Special:Search&limit=20&offset=40&profile=default&search=newton+note#/media/File:Newton-Organon.jpg

8) Peter H. Diamandis, Steven Kotler, "Bold: How to Go Big, Create Wealth and Impact the World", Simon & Schuster, 2016

PART 1 스케치 노트지능

01 스케치 노트 쓰기, 누구나 할 수 있다

1) 강주현, 《이집트의 신비로운 섬》, 정인출판사, 2015

2) 강주현, 《용감한 이집트 왕자》, 정인출판사, 2017

3) 강주현, 《파라오 쿠푸와 마법사 제디》, 정인출판사, 2018

4) Jay Yarow, "What It Was Like When Apple Announced The Original iPhone Seven Years Ago Today", Business Insider, Jan 9, 2014 (https://www.businessinsider.com/apples-original-iphone-2014-1)

5) https://lebbeuswoods.files.wordpress.com/2010/12/blobs-1b.jpg

6) Leonardo Da Vinci, H. Anna Suh(Editor), "Leonardo's Notebooks: Writing and Art of the Great Master", Black Dog & Leventhal, 2013

7) Leonardo da Vinci, Irma A. Richter(Compiler), Martin Kemp (Preface), Thereza Wells (Introduction), "Leonardo da Vinci: Notebooks", Oxford University Press, 2008

04 프레임을 통해 생각을 전개하라

1) https://commons.wikimedia.org/wiki/File:Studies_of_the_Arm_showing_the_Movements_made_by_the_Biceps.jpg

2) 한국성과향상센터, 《프랭클린 플래너를 쓰는 사람의 시간은 다르다》, 바다출판사, 2006

3) David Straker, "Rapid Problem Solving with Post-It Notes", Da Capo Lifelong Books, 1997

08 모눈노트를 활용해 효과적으로 만들어라

1) 다카하시 마사후미, 《모눈노트 공부법 : 메모하는 순간 머릿속에 기억되는》, 알에이치코리아, 2016

PART 2 스터디 노트지능

02 효과적인 스터디를 위한 노트 쓰기 지침

1) http://www.feynmanlectures.caltech.edu/info/other/Alternate_Way_to_

참고 문헌과 사이트

Handle_Electrodynamics.html

2) http://www.feynmanlectures.caltech.edu/info/other/Feynman_
   Folder_76.2.html

3) Richard P. Feynman and Ralph Leighton(Editor), "Surely You're Joking,
   Mr. Feynman!: Adventures of a Curious Character", W. W. Norton &
   Company, 2018

03 최적의 공부를 위한 스터디 노트 템플릿

1) John Connelly, "How To Take Great Notes Quickly And Easily: A Very
   Easy Guide", Independently published, 2017

2) 토니 부잔, 《토니 부잔의 마인드맵 두뇌사용법》, 비즈니스맵, 2010

3) 토니 부잔, 배리 부잔, 《토니 부잔의 마인드맵 북》, 비즈니스맵, 2010

4) 아이작 유, 《질문지능》, 다연출판사, 2017

5) 다카하시 마사후미, 《모눈노트 공부법: 메모하는 순간 머릿속에 기억되는》,
   알에이치코리아, 2016

PART 3 비즈니스 노트지능

01 비즈니스 노트 쓰기, 성공의 기초가 된다

1) 요시자와 준토쿠, 《생각정리 프레임워크》, 아르고나인미디어그룹, 2016

2) Ethan Rasiel, Paul N. Friga, "The McKinsey Mind: Understanding and
   Implementing the Problem-Solving Tools and Management Techniques
   of the World's Top Strategic Consulting Firm", McGraw-Hill Education,
   2001

02 효과적인 시간 관리의 기술_우선순위 노트법

1) 스티븐 코비, 《성공하는 사람들의 7가지 습관》, 김영사, 2017

2) 게리 켈러, 제이 파파산, 《원 씽, 복잡함을 이기는 단순함의 힘(The One

Thing)》, 비즈니스북스, 2013

3) Brian Tracy, "No Excuses!: The Power of Self-Discipline", Vanguard Press, 2011

4) Brian Tracy, "Eat That Frog!: 21 Great Ways to Stop Procrastinating and Get More Done in Less Time", Berrett-Koehler Publishers, 2017

03 문제 해결을 위한 비즈니스 전략 노트

1) The Leadership Network, "Innovation The Dyson Way", Innovation Management, Nov 17, 2016

2) Dylan Johnson, "Mind of Musk: Think like Elon Musk, Change your Life & the Course of Humanity", Independently published, 2018

3) Ashlee Vance, "Elon Musk: Tesla, SpaceX, and the Quest for a Fantastic Future", Ecco, 2015

04 끌리는 보고서 작성을 위한 비즈니스 노트법

1) Jim Loehr, "The Power of Story: Change Your Story, Change Your Destiny in Business and in Life", Free Press, 2008

PART 4 스마트 노트지능

01 아날로그와 디지털의 만남_스마트 지식 경영

1) 피터 드러커, 《21세기 지식경영》, 한국경제신문사, 2002

2) J. M. Smith, H. C. Van Ness, M. M. Abbott, "Introduction to Chemical Engineering Thermodynamics", McGraw Hill, 2011

참고 문헌과 사이트

노트지능

생각을 연결하고 문제를 해결하는 노트 쓰기!

초판 1쇄 인쇄 2018년 10월 5일
초판 1쇄 발행 2018년 10월 15일

지은이 아이작 유
펴낸이 이범상
펴낸곳 (주)비전비엔피 · 비전코리아

기획 편집 이경원 심은정 유지현 김승희 조은아 김다혜 배윤주
디자인 김은주 조은아
마케팅 한상철
전자책 김성화 김희정
관리 이성호 이다정

주소 121-894 서울특별시 마포구 잔다리로7길 12 (서교동)
전화 02) 338-2411 | **팩스** 02) 338-2413
홈페이지 www.visionbp.co.kr
인스타그램 https://www.instagram.com/visioncorea 아이디 visioncorea
포스트 http://post.naver.com/visioncorea
이메일 visioncorea@naver.com
원고투고 editor@visionbp.co.kr

등록번호 제313-2005-224호

ISBN 978-89-6322-138-0 03320

이 도서의 국립중앙도서관 출판시도서목록(CIP)은 서지정보유통지원시스템 홈페이지(http://seoji.nl.go.kr)와
국가자료공동목록시스템(http://www.nl.go.kr/kolisnet)에서 이용하실 수 있습니다.(CIP제어번호: CIP2018030995)

MEMO

MEMO